AF259956

QUESTION DU JOUR

POSITION — DISCUSSION — ET SOLUTION

DU

PROBLÈME POLITIQUE

PAR

l'Auteur du **PROBLÈME DÉMOCRATIQUE**

PARIS

LIBRAIRIE DE GUILLAUMIN ET Cᵉ, ÉDITEURS

De la collection des principaux Economistes, des Economistes et Publicistes
contemporains, de la Bibliothèque des sciences morales et politiques,
du Dictionnaire de l'Économie politique,
du Dictionnaire universel du Commerce et de la Navigation, etc.

14, RUE RICHELIEU, 14

1871

QUESTION DU JOUR

POSITION — DISCUSSION — ET SOLUTION

DU

PROBLÈME POLITIQUE.

QUESTION DU JOUR

POSITION — DISCUSSION — ET SOLUTION

DU

PROBLÈME POLITIQUE

PAR

l'Auteur du **PROBLÈME DÉMOCRATIQUE**

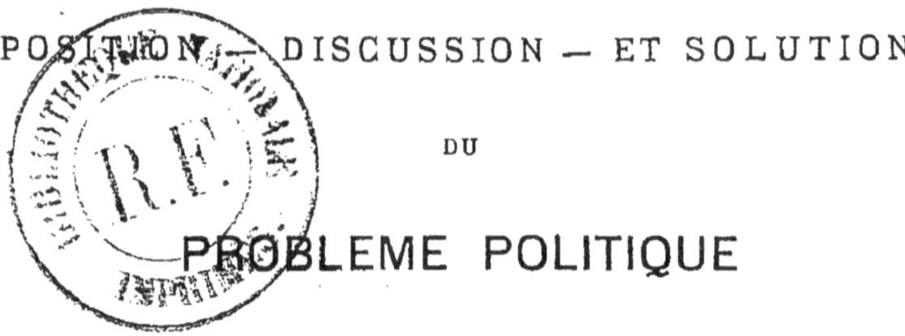

PARIS

LIBRAIRIE DE GUILLAUMIN ET Cᵉ, ÉDITEURS

De la collection des principaux Économistes, des Économistes et Publicistes
contemporains, de la Bibliothèque des sciences morales et politiques,
du Dictionnaire de l'Économie politique,
du Dictionnaire universel du Commerce et de la Navigation, etc.

14, RUE RICHELIEU, 14

—

1871

QUESTION DU JOUR

POSITION, DISCUSSION ET SOLUTION DE PROBLÈME

POLITIQUE

AVERTISSEMENT

Le travail qui va suivre, sauf l'introduction, était terminé avant les événements à jamais déplorables qui ont suivi dans Paris l'armistice du 8 février. J'avais consacré à le faire les tristes loisirs que me laissaient mon âge et ma précaire santé, pendant que d'autres, plus heureux ou plus malheureux, combattaient sans espoir pour le salut commun. Il est empreint d'une douleur trop légitime devant nos désastres et le honteux spectacle des incuries, des ambitions et des théories brutales qui en sont cause; mais il est exempt, j'en suis profondément couvaincu, des faiblesses et des partialités si communes dans les travaux du même genre. Mon expérience personnelle, ma raison, mon amour pour la vérité, mon orgueil même, ont fait plus pour me préserver de pareilles défaillances que les suggestions de l'éducation peu libérale que nous avons tous reçue pour m'y entraîner. Aussi, je n'y veux rien changer.

Tel qu'il est, ce travail pourra plus sur le lecteur

honnête et sans parti pris qu'une polémique attrayante, mais passionnée, comme les temps actuels peuvent en inspirer. Une pensée simple, calme, morale, juste, scientifique et sympathique à tout le monde, excepté aux malfaiteurs de l'humanité, vaut plus à mes yeux, pour les besoins du jour, qu'un tableau ingénieux et séduisant dont les couleurs brillantes recèlent trop souvent un poison habilement distillé, et je n'ai pas tenté de produire autre chose. D'ailleurs, je ne saurais vraisemblablement pas produire autre chose. Sur le déclin d'une existence écoulée au milieu de passions malsaines auxquelles je ne me suis jamais mêlé, je n'ai plus qu'un désir, un espoir : être utile à tout le monde, en instruisan ceux qui savent moins que moi.

Le titre donné à ce travail semble faire contradiction avec les observations qui précèdent ; il n'en est rien. En politique, la question que j'ai en vue est toujours actuelle ; mais la situation déplorable que la guerre étrangère et la guerre civile nous ont faite lui donne un caractère d'urgence plus accentué que jamais, et, par conséquent, elle est aujourd'hui plus actuelle que jamais.

Paris, le 20 septembre 1871.

COUP D'ŒIL PHILOSOPHIQUE

SUR LES

DERNIERS ÉVÉNEMENTS POLITIQUES

pour servir d'introduction

I.

LA GUERRE ÉTRANGÈRE. — MISSION DE LA FRANCE.

La France n'a jamais été dans une situation plus grave, plus solennelle, plus critique. Elle sent, et le monde civilisé sent avec elle, qu'un grand problème social s'agite dans son sein. Le résoudra-t-elle?

L'Allemagne, qui se vante si haut de l'avoir vaincue, prétend qu'elle était déchue moralement, qu'elle ne pensait plus, et que c'est à cela qu'elle a dû de succomber sur les champs de bataille.

Sous l'apparente vérité de cette prétention se cache un sophisme facile à dégager. Les peuples les plus corrompus pensent, mais ils pensent mal. La France officielle de ces vingt dernières années, la France impériale pensait mal, car elle était profondément corrompue; mais cette France-là n'était pas la France entière.

Ce à quoi la France, quoi qu'en dise le plus fourbe et le plus implacable de ses vainqueurs, ce à quoi la France entière ne pensait plus réellement depuis longtemps, c'est la guerre. L'Allemagne, au contraire, y pensait toujours depuis soixante ans.

L'Allemagne a donc en partie raison : pour vaincre sur les champs de bataille, il faut penser ; mais il faut penser à la guerre, et, de même que pour découvrir l'attraction universelle, il faut y penser toujours. Ainsi faisaient les barbares qui envahissaient l'empire romain ; ainsi faisaient les bandes d'Attila ; ainsi faisait le soudard assassin d'Archimède.

Penser à la guerre, ce fléau des peuples, ce crime des rois, cet objet d'aversion et d'horreur pour tout esprit honnête et généreux, y penser vers la fin du xixᵉ siècle et y penser toujours, tel serait l'*honneur*, telle serait la *gloire* dont l'Allemagne est si fière !... Et pourtant elle est fière aussi, justement fière de ses poëtes, de ses philosophes, de ses savants, l'Allemagne des Gœthe, des Kant, des Humbolt... Faut-il également faire deux parts de ce noble pays, une dont Guillaume *le providentiel* serait le représentant, et une autre que représenteraient les savants que je viens de nommer ?

La France est punie, cruellement punie ; mais c'est moins pour avoir négligé de penser à la guerre que pour y avoir trop pensé autrefois, moins surtout que pour y avoir pensé de nouveau un seul jour, sous la pression d'un despotisme inintelligent et sans cœur, aussi incapable de lui assurer la paix que de la faire triompher dans la guerre ; c'est encore, c'est principalement pour s'être oubliée, pour avoir oublié sa dignité de peuple libre et penseur sous cette pression avilissante qui l'étreignit vingt ans.

Et quelle punition ! De la tyrannie, elle est tombée dans la guerre étrangère, de la guerre étrangère dans la guerre civile ; que dis-je ? dans la guerre servile, la plus atroce de toutes les guerres, pour tomber de nouveau, je le crains, de la guerre civile ou servile dans quelque autre tyrannie, dont le nom seul ou le drapeau, moins que cela peut-être. aura changé... Pauvre France !

Tomber, tomber sans cesse pour se relever un moment et retomber encore ; tourner toujours dans un même cercle de souffrances, de misères, de crimes et de hontes, voilà la condition des peuples depuis les commencements de l'histoire... Pauvre humanité !

Cependant, il n'est pas infranchissable, ce cercle infernal... Mais, pour le franchir, ni la sape, ni la mine, ni le fer, ni le bronze, ni la poudre n'ont l'efficacité qu'on leur suppose stupidement. La puissance qui l'a tracé se rit de la guerre, dont elle allume d'ailleurs les aveugles fureurs. Si elle est quelquefois du côté des vaincus, elle est toujours en même temps du côté des vainqueurs, et toutes les victoires de la force sont des succès pour elle. Elle n'est pourtant pas elle-même accessible à la force ; elle participe de la nature de l'idée, mais pour en usurper la place dans nos intelligences, au grand dommage de la vérité, de la science dont elle revêt les dépouilles pour égarer notre raison. J'ai nommé le *mysticisme*.

Le mysticisme, voilà l'éternel, l'incorrigible ennemi des peuples. Il est fort, parce que nous sommes faibles, voyant, parce que nous sommes aveugles, grand, parce que nous sommes à genoux ; et s'il est invincible, c'est encore parce que nous ne savons pas nous vaincre nous-mêmes, car il est en nous, il est nous.

Il est nous, vous dis-je, et la preuve, c'est que tous nous en sommes possédés ; c'est que tous, révolutionnaires et conservateurs, *communeux* et *ruraux*, politiques en bourgeron et grands seigneurs légitimistes, nous en sommes inspirés ; c'est que tous, à ces heures de suprême folie et de deuil immense qu'on appelle révolutions, nous nous laissons enflammer de ses conseils perfides qui font l'orgueil des infaillibles, l'amour désordonné de soi-même et le mépris souverain d'autrui ; c'est que tous enfin, pour la plus grande gloire d'une idée vague, mystérieuse, in-complète, fausse, qu'il nous a soufflée, dont il nous a faits les instruments, les esclaves, nous sacrifions sans pitié, sans scrupule, sans remords, nos semblables, leurs biens, leur sang, leur bonheur, toutes choses que nous avons avant tout et toujours le devoir de respecter.

Et qu'on ne dise pas que je suis sévère pour notre espèce en l'accusant de mysticisme ; car ceux d'entre nous qui ne sont pas mystiques et qui agissent comme des mystiques en méprisant le droit de leurs semblables, ne peuvent être que d'infâmes charlatans ou des scélérats vulgaires que la cupidité seule inspire.

La France s'est longtemps vantée d'une mission ma-gnanime qu'elle devait, disait-on, à son génie universel et cosmopolite. Ses chauvins littéraires, — ce ne sont pas les moins fanatiques, — l'en ont louée à outrance, et, témérairement, ils lui en ont fait un titre à l'admiration des étrangers, que les étrangers ne lui accordaient pas tous et dont quelquefois même ils s'irritaient. Dans leur présomption puérile, ces chantres de sa vanité sont allés jusqu'à dénoncer comme un outrage à la civilisation toute menace à son territoire, à ses monuments, à sa capitale, la capitale, l'âme, disaient-ils, du monde intelligent ! (1). L'Allemagne, aussi vaniteuse qu'elle et plus vindicative, s'en est irritée, plus peut-être que du souvenir effacé des invasions de la terre sacrée de ses aïeux par les armées

1) Qui sait si ce chauvinisme n'est pas pour beaucoup dans les incendies de la commune ?

françaises du premier empire, et son irritation a largement contribué à la guerre de 1870, à sa durée, à ses excès, à sa cause même.

Mysticisme, mysticisme toujours !

Eh bien, cette mission douteuse, mal remplie en tout cas, la France peut la prendre aujourd'hui, la préciser et la bien remplir. Qu'elle le fasse, et, cette fois, les peuples, tous sans exception, la béniront ; et ce sera pour ses dernières douleurs la plus grande, la plus sûre, la plus noble consolation qu'elle puisse ambitionner.

Cette mission est ancienne, quoi qu'il en semble ; elle est vieille comme le mal qu'elle peut guérir, comme la servitude, comme la misère, comme l'iniquité, mère de la servitude et de la misère ; elle est pourtant toujours nouvelle. Tous les peuples penseurs l'ont eue, et tous ont failli à la tâche ingrate et périlleuse de la mener à fin. La France aussi l'a eue, non pas seule, comme le prétendent ses chauvins littéraires, mais autant ou plus qu'aucune autre nation entre ses contemporaines et ses rivales ; mais ses gouvernements lui en ont toujours rendu l'accomplissement impossible. Qu'elle la reprenne à nouveau, et que rien ne l'arrête plus pour la remplir !

Cette mission, pour la définir en quelques mots, est toute pacifique, toute morale ; c'est la réduction à l'absurde du mysticisme gouvernemental, de ce mysticisme opiniâtre, implacable, dont la politique appuie tous ses sophismes, tous ses mensonges, toutes ses hypocrisies, toutes ses immoralités, dont elle fait le fondement de sa théorie monstrueuse des deux morales ; c'est la conception rationnelle, expérimentale de la justice une, égale pour tous, universelle, scientifique ; c'est la *science sociale* par excellence enfin.

On doute de la science sociale, je le sais ; on doute

même qu'elle soit possible. C'est là une conséquence directe du mysticisme qui veut s'en tenir au gouvernement mystérieux de la Providence, si favorable aux ambitieux et aux charlatans. Laissons dire les sceptiques religieux pour qui toute croyance est suspecte quand la raison et l'expérience l'autorisent, et marchons résolument dans les voies de l'observation qui sont les voies du progrès et de la vraie civilisation.

Quant à moi, bravant sans orgueil ni modestie déplacée les colères intéressées et les défaillances misérables qui lui font obstacle, j'apporte ici ma pierre à son édifice toujours tronqué, mais beaucoup plus avancé qu'on ne pense.

II

DE LA GUERRE CIVILE ET DE LA CIVILISATION.

Il ne faut pas voir dans la Commune qui vient de s'ensevelir sous les ruines de Paris, comme l'avaient annoncé ses chefs implacables, plus ennemis des populations parisiennes, qu'ils prétendaient émanciper, que les plus vulgaires criminels, une tentative de constitution communale comme en réclament incontestablement les peuples intelligents de notre époque ; elle n'a été que l'explosion de passions ténébreuses dont le monde civilisé s'épouvante et qu'il convient d'étudier dans leurs causes, sous peine d'explosions du même genre, plus générales et plus épouvantables encore, dans un avenir plus ou moins rapproché, sous peine de mort pour la civilisation moderne.

Sans doute la faim — elle a armé plus de neuf *communeux* sur dix — est pour beaucoup dans cette explosion ; mais seule elle ne suffit pas à l'expliquer ; seule elle n'aurait pas engendré la passion systématique de l'incendie et de la destruction, qui avait principalement en vue la richesse officielle et collective, dans son expression la plus saisissante, la plus admirée : les monuments publics.

Cette passion est bien connue des moralistes; on la reconnaît à ses œuvres, aux crimes qu'elle fait commettre, quand les circonstances qui l'accompagnent l'ont amenée au dernier paroxysme du désespoir et de la fureur, à ce fait que le mal qu'elle commande satisfait ses auteurs sans leur profiter. C'est la passion caractéristique des guerres serviles de l'antiquité et des révoltes noires de nos anciennes colonies.

Nous en sommes donc encore, malgré le moyen âge qui transforma l'esclavage antique, et malgré 89 qui en effaça dans nos institutions les restes abhorrés, à cette condition lamentable qui autorise dans la pensée d'un nombre considérable de travailleurs la conviction funeste qu'ils sont exploités régulièrement, constitutionnellement, comme des esclaves; que l'opulence qu'ils ont sous les yeux, qui irrite sans cesse, sans mesure, sans pudeur les inévitables convoitises de leurs esprits malades, est une conséquence directe de leur misère... !

Les crimes de la Commune ne s'expliquent que par une conviction de cette nature et par les passions qu'elle engendre sous l'empire de circonstances exceptionnelles, comme celles qui ont précédé le 18 mars 1871 à Paris. Je me borne à constater le fait dans sa généralité, dans ses origines médiates; l'histoire en démêlera les causes immédiates, occasionnelles, et elle en fera retomber la responsabilité sur qui de droit. Je dirai pourtant dans quelle mesure le régime impérial, régime désastreux pour la France s'il en fut jamais, y a contribué.

Ce régime a profondément démoralisé les classes ouvrières, à Paris notamment, en leur donnant le spectacle de son cynisme pour s'emparer, par toutes les voies imaginables, du pouvoir et de la fortune, et pour en user. D'autre part, il a appelé dans la capitale, pour l'œuvre inopportune, exagérée, scandaleuse à beaucoup d'égards des embellissements entrepris par la préfecture de la Seine, une population excessive d'ouvriers, que l'entreprise même chassait de l'intérieur de la ville, où elle était disséminée et confondue avec la population ordinaire, pour l'agglomérer dans les quartiers excentriques, où, face à face et toujours en contact, ses éléments les plus irritables s'entretenaient journellement de leurs griefs, de leurs passions, de leurs projets, et complotaient la transformation ou la ruine d'une société qui répondait mal à leurs appétits.

Plus d'une fois on s'est demandé ce que ferait Paris des deux ou trois cent mille ouvriers supplémentaires composant les *ateliers nationaux* de sa préfecture municipale, le jour où les travaux exceptionnels de son embellissement à outrance cesseraient, ce qui devait nécessairement arriver un jour, ce qui arrivait même de temps en temps, au grand effroi de ses édiles, quand les fonds manquaient pour les travaux en cours d'exécution ?

La guerre étrangère et le siége de Paris, œuvres de l'Empire assurément, auraient pu dégager l'inconnue de ce problème social et en donner une solution favorable peut-être ; c'est le contraire qui est arrivé. Les ouvriers sans travail et nourris au frais de l'Etat, les armes à la main, n'ont pu ni sauver leur pays ni se sauver eux-mêmes de la crise inévitable qui allait les frapper au retour de la paix ; et, en attendant, ils allaient dans les clubs, l'estomac vide, l'imagination enflammée, discuter les faits sauvages de la guerre, les théories non moins sauvages de M. de Bismark, sur la force et le droit, et l'impuissance ou l'incapacité, que sais-je? des hommes chargés de la défense nationale.

Ce qui pouvait sortir de tant de circonstances déplorables, nul ne pourrait le dire; de nouvelles circonstances non moins déplorables, mais plus complexes, en ont fait sortir la Commune. Il n'en pouvait rien sortir de plus funeste.

Si nous rapprochons ce résultat de l'une de ses causes, nous sommes frappés d'une chose, qui caractérise la loi morale des réactions : l'embellissement à outrance de Paris en a amené la ruine : les anciens monuments de de notre belle capitale ont payé pour les nouveaux : les *Tuileries*, l'*Hôtel-de-Ville*, le *Palais de Justice* ont acquitté la dette des *casernes* et des *boulevards stratégiques !* Autre chose encore : les casernes et les boulevards stratégiques ont servi l'insurrection qu'ils devaient empêcher ou affaiblir !

Je le dis, avec peu d'espoir d'être écouté, mais pour obéir à une voix impérieuse de ma conscience : la Commune de Paris est un AVERTISSEMENT pour la civilisation moderne. Le triomphe obtenu sur elle et le silence forcé, après sa chute, des passions qui l'ont soutenue ne doivent pas faire illusion. Réfléchissons, alors qu'il en est temps encore!

Si les causes que je lui attribue sont vraies, et, malheureusement on n'en saurait douter, ce n'est pas de la force pure, de la force qui frappe sans écouter, qui réprime sans corriger, qui ne s'inspire du passé que pour en raviver les abus et les préjugés, que nous viendra le remède au mal dont elle est l'effroyable symptôme. N'imitons pas les Romains de la décadence, ces adorateurs

de la force, que la force a écrasés dès que les lois phy-
siques de la pesanteur qui la régissent en eurent changé
l'équilibre.

Oui, la Commune de Paris est un avertissement, et si
la civilisation moderne ne sait opposer au désordre des
passions haineuses de la misère que la force qui tue, elle
ne tardera pas à disparaître comme les civilisations qui
l'ont précédée, et elle n'aura guère mieux mérité que
celles-là de fixer la marche incertaine et flottante de
l'humanité dans les voies du progrès et du bonheur. Que
ses prophètes mystiques cessent de l'égarer avec leurs
réminiscences grecques et romaines. Toute sa puissance
est dans l'industrie et le commerce, qui n'ont eux-mêmes
de puissance que dans la classe ouvrière. Si donc des
luttes comme celle qui vient de finir doivent se renouve-
ler et se généraliser, elle est menacée dans ses bases
mêmes et, je le répète, elle disparaîtra.

Je dis qu'elle disparaîtra, car on ne voit guère de civilisation reculer, méthodiquement pour ainsi dire, et longtemps, comme une armée en retraite. Pour qu'elle reculât
ainsi, il faudrait que les ouvriers fussent toujours vaincus ; mais qui oserait dire qu'ils ne vaincront pas à leur
tour ? Ce qui fait aujourd'hui la force de leurs vainqueurs,
c'est leur désunion, c'est notamment leur division en
prolétaires des villes et prolétaires des campagnes; mais
leur désunion n'a rien d'essentiel, tandis que leur union,
dans un temps plus ou moins éloigné, a la raison essentielle d'une communauté évidente de souffrances et de
ressentiments. Ceux qui croient à l'éternité de leurs dé-
sunions ne connaissent pas notre histoire ; ils ne connaissent pas l'Irlande ; ils ne connaissent pas l'Angleterre,
où fermentent des orages socialistes bien autrement
redoutables que la Commune de Paris. D'ailleurs quelle

folie de ne laisser à l'ordre social qu'une garantie si précaire !

Le jour où les classes ouvrières l'emporteraient de
vive force sur l'ordre actuel de nos sociétés, qu'elles
prennent en haine, cet ordre s'écroulerait comme un
édifice dont la base fléchit, et la civilisation moderne,
avec ses caractères particuliers, aurait fait son temps.
Ce serait là une crise effroyable, comme toutes les crises
historiques du même genre ; cependant, je ne crains pas
de le dire, elle serait moins funeste à l'humanité, à la
vraie civilisation que l'alternative contraire.

Triomphants, les ouvriers se livreraient sans doute à
quelque saturnale économique : ils dépouilleraient les
riches et voudraient se donner à leur tour les douceurs
constitutionnelles du privilége ; mais la nature des choses
ne permettant pas qu'un procédé de ce genre réussisse
aux masses, ils ne tarderaient pas à se convaincre de la
nécessité de s'organiser conformément aux vrais principes de la propriété, et un nouvel ordre de choses, plus
fécond que celui-ci, sortirait vraisemblablement de leur
triomphe.

Leur défaite continue serait accompagnée de la dépo-
pulation et de toutes ses conséquences économiques :
rapide diminution de la richesse publique ; distribution
anormale et violente de ses restes, de manière à produire
une monstrueuse inégalité des fortunes, comme au temps
des Césars romains ; enfin, peut-être, reconstitution de
l'esclavage ou du servage, comme au moyen âge. Je dis
peut-être pour cette dernière conséquence, mais je pourrais être plus affirmatif, car les luttes de classes dans
l'histoire ont toujours amené la servitude des vaincus
quand les vaincus étaient des travailleurs.

De ces deux alternatives, je le répète, la première

serait la moins funeste à l'humanité, à la civilisation
vraie ; et pour beaucoup de gens qui ne marchandent pas
avec le progrès dont les révolutions sont le moyen, elle
serait désirable. Les masses ont indubitablement un privilége de naissance dont on ferait bien de leur tenir
compte dès aujourd'hui : elles ne peuvent pas organiser
systématiquement l'injustice, comme leurs oppresseurs
ont toujours fait, l'injustice, en politique comme en toutes
choses, ne pouvant jamais profiter qu'au petit nombre.
Il faut donc qu'elles soient justes, qu'elles le veuillent ou
non ; sans cela, elles périssent avec leurs victimes. N'est-
ce pas là un privilége, un privilége de classe, de naissance, et un magnifique privilége ? Chacun les siens,
pendant qu'il y en a !

On peut éviter l'une et l'autre de ces deux alternatives ; mais ce ne sera pas en essayant de réconcilier les
classes ouvrières avec la misère, au moyen de la résigna-
tion. On dira que c'est calomnier ces classes que leur
attribuer les passions implacables dont nous venons de
voir l'épouvantable explosion. Gardons-nous des hypocrisies officielles qui flattent en opprimant. Assez de palliatifs trompeurs, de panacées décevantes, de transac-
tions pitoyables avec la justice ! Oui, on peut éviter ces
deux alternatives à la fois ; mais il n'y a pour cela qu'un
moyen, dont il faut bien se pénétrer dans toutes les classes de la société, c'est la *justice*.

Ainsi donc, qu'on y songe et qu'on se le tienne pour
dit, tandis qu'il en est temps encore : la justice, la justice
seule peut sauver nos sociétés modernes des horreurs
d'une crise organique comme toutes les civilisations imparfaites du passé en ont subies. Les civilisations du
passé étaient imparfaites et elles ont croulé, parce qu'elles
ont toujours dédaigné le droit, parce qu'elles l'ont tou-

jours systématiquement subordonné à la force, comme
M. de Bismark. La civilisation moderne ne se soutiendra
et ne se perfectionnera qu'en procédant autrement, c'est-
à-dire en respectant le droit, en lui subordonnant la
force, en plaçant la justice au-dessus de toutes les passions, de toutes les ambitions, de tous les regrets, de
tous les préjugés, de toutes les présomptions. La justice
seule peut étouffer sans violence les haines chroniques
que son absence a engendrées ; et si elle ne les étouffait
pas seule, seule elle justifierait la répression, si dure
qu'elle fût, que son insuffisance rendrait nécessaire. Mais
elle suffit, toutes les voix de l'expérience, de la raison,
de la conscience sont là pour l'attester. D'ailleurs, c'est
notre devoir de la désirer, de la chercher, de la donner
à tous, ne fût-elle pas ce qu'elle est réellement, le salut
de nos sociétés.

Silence donc aux intempérants, aux furieux de tous les
partis, à tous ceux qui aiment la force pour elle-même et
qui s'enivrent de ses abus ! tous ils sont ennemis de la
société, de sa prospérité, de ses progrès ; tous ils appar-
tiennent à la même famille politique, la famille des charlatans ou des mystiques qui mettent, dans la réaction,
comme dans la révolution, comme dans l'administration
ordinaire, la force au-dessus du droit.

J'entends encore, et je n'oublierai jamais ce cri sinistre de nos dernières discordes civiles, ce cri désespéré
des peuples impuissants à fonder l'ordre : assez de rai-
sonnements, laissons parler la poudre !... Et pourtant ce
cri était un raisonnement ; il affirmait que la poudre était
préférable à la raison ; qu'elle lui était préférable aussi
par conséquent !...

Il faut bien reconnaître la nécessité de la force quand
la force est en jeu ; mais il faut reconnaître aussi qu'elle

est aveugle, et qu'elle a besoin d'être guidée quand par malheur elle devient nécessaire en politique. Mais qui doit la guider en politique?

Dans nos ateliers de la production où elle accomplit tant de merveilles, sur nos chemins de fer qu'elle parcourt avec la rapidité de la foudre, sur les mers qu'elle sillonne en tous sens, même sur les champs de bataille, la force n'a qu'un guide sûr, fécond, indispensable : la *science*.

En politique, elle ne doit pas en avoir d'autre; et si la politique a si mal répondu jusqu'à présent aux besoins, aux aspirations, aux espérances des hommes en société, c'est que la force dont elle fait usage à d'autres guides que la science, que la *science sociale* qui doit seule la guider.

CHAPITRE PREMIER.

La Justice et la Politique.

I. Tous les efforts de l'esprit moderne pour enfanter la science sociale paraissent avoir échoué jusqu'à présent, parce qu'ils tournaient dans le cercle vicieux d'une politique traditionnelle, qui subordonne la justice à ses vues, au lieu de se subordonner elle-même à cette règle suprême de toutes les actions humaines. Sans doute, le *salut public*, l'*intérêt général*, le *bonheur commun*, qui sont plus ou moins dans les vues de la politique traditionnelle, méritent toute notre sollicitude; mais j'ai la conviction inébranlable qu'on ne peut y arriver que par la justice; que la justice, par conséquent, n'est pas moins nécessaire à la politique qu'à la vie privée.

J'ai pour justifier ma conviction, la conscience, qui ne peut admettre la théorie des deux morales sans se mutiler, les moralistes, qui condamnent hautement cette théorie, l'histoire, dont les enseignements bien compris montrent clairement que l'injustice politique est une source insondable de malheurs publics; enfin la logique, qui, dans la politique elle-même, méthodiquement analysée, ne trouve qu'une fonction sociale ayant principalement en vue de garantir à tout le monde les droits qui constituent la justice. Ce sont là des autorités bien autrement respectables que celles dont s'appuie la politique traditionnelle.

La science sociale est avant tout la science de la justice, non de cette justice mystique, surnaturelle, sophistique et contradictoire des religions et des gouvernements, qui autorise les excès monstrueux de l'absolutisme, de l'esclavage, de la guerre, de la spoliation et tant d'autres, mais de la justice rationnelle, expérimentale, scientifique, universelle, de la justice qui convient à tous les hommes, à tous les temps, à tous les pays, comme la condition essentielle, invariable, infaillible du bien-être, de la prospérité et du progrès des peuples. Mais il faut définir cette justice, la justice, car il n'y en a qu'une.

La justice se présente à l'esprit désireux de s'en faire une idée exacte et scientifique sous deux formes inséparables, mais distinctes : une idéale et absolue, l'autre pratique et relative. C'est la malveillance qui rend la dernière de ces deux formes nécessaire en troublant la première, en faisant l'*injustice*. La dernière de ces deux formes a donc le caractère de *réparation* et de *protection*.

La première forme peut se définir ainsi :

La condition sociale dans laquelle l'homme respecte

2

son semblable et en est respecté, l'égalité étant prise pour base du respect que tous les hommes se doivent réciproquement.

Ou bien encore :

La condition sociale dans laquelle l'homme ne fait pas de mal à son semblable et n'en reçoit pas de lui, la privation d'un bien quelconque étant considérée comme un mal.

La deuxième forme peut à son tour se définir ainsi :

Une institution sociale au moyen de laquelle toute perturbation de la justice idéale doit être reparée ou expiée.

Les deux ensemble peuvent se résumer dans les trois mots suivants :

LIBERTÉ, — PROPRIÉTÉ,

RESPONSABILITÉ.

En effet, la liberté et la propriété comprennent à elles deux tout ce que l'homme doit respecter chez les autres et faire respecter chez lui, et la responsabilité comprend à elle seule toutes les réparations ou expiations que l'injustice rend nécessaires.

II. Mais on m'accuserait de présomption si je ne m'appuyais que sur mes propres définitions ; j'invoquerai donc une autorité moins contestable, la conscience, où, quoique troublée souvent, l'image de la justice persiste sans altération fondamentale.

Je ne prétends pas que la conscience soit identique chez tous les hommes, ni qu'elle soit infaillible, ni que les idées de justice que nous trouvons en elle soient *innées* ; mais tout cela n'est pas nécessaire à son autorité morale. Je la considère comme un dépôt des idées expérimentales les plus universellement adoptées dans le monde civilisé, et je considère que les idées de justice que nous trouvons en elle sont assez justifiées par ce double fait que, depuis les temps les plus reculés jusqu'à nos jours, rien n'a pu les faire varier dans ce qu'elles ont d'essentiel, et que, de nos jours, la raison expérimentale les confirme encore de la manière la plus complète. Les vérités les moins contestables en matière de pratiques journalières concernant la vie privée ne sont pas établies plus solidement dans l'esprit humain que ces idées-là, et nous nous en contentons; contentons-nous donc aussi de ces idées-là, qui sont des vérités morales, aussi longtemps du moins que nous n'aurons pas pour les contester les excellentes raisons que nous avons pour les admettre.

III. Les vérités morales affirmées par la conscience sont parfaitement d'accord avec les définitions que je viens de donner. Elles se formulent ainsi :

Tu ne tueras point ; tu ne voleras point ; tu ne manqueras pas à la foi jurée, etc. Elles se résument toutes dans ce précepte connu et accepté par tous les peuples civilisés : *tu ne feras pas à autrui ce que tu ne voudrais pas qu'on te fît.*

Par ce précepte dont l'universalité est évidente, il est aisé de comprendre que ce que nous ne devons pas faire à autrui, c'est le mal, et que ce que nous devons considérer comme un mal fait à autrui, c'est tout ce que nous ne voudrions pas qu'on nous fît à nous-mêmes.

Toutefois, ce précepte implique une réserve, acceptée également par tous les peuples civilisés, à savoir : *le cas de légitime défense.* Je veux dire que, dans le cas de légitime défense, on peut faire du mal à son semblable sans injustice. S'il en pouvait être autrement, les prescriptions de la justice manqueraient de sanction, la responsabilité

n'existerait pas, et les méchants n'auraient rien à craindre
pour eux-mêmes des conséquences de leur méchanceté.
Cette réserve est le véritable fondement du principe de la
responsabilité, forme pratique et relative de la justice.
Mais elle n'est pas illimitée : le mal qu'elle autorise ne
doit pas excéder la mesure de la légitime défense, sans
quoi il devient injuste et criminel, comme celui de l'agres-
sion.

La mesure de la légitime défense est difficile à trouver
souvent; c'est pourquoi j'ai appelé *relative* la forme de la
justice qui s'y rapporte. Je me contenterai de constater
ce côté faible de la science sociale. J'ajouterai toutefois
que, si l'humanité n'avait échoué dans ses efforts qui
avaient la civilisation en vue que sur ce point, elle aurait
peu souffert, et la politique qu'elle a adoptée partout
n'aurait jamais été si déplorable et si honteuse.

IV. Mais on prétend que la justice, telle qu'elle nous
apparaît dans les préceptes que je viens de rappeler, n'est
pas applicable à la politique, du moins dans tous les cas.
Pourquoi cela? c'est, dit-on, qu'en politique on fait souvent le mal en vue du bien.

Je ne connais que deux cas qui autorisent cette alléga-
tion, et ils ne sont pas politiques. Ils nous viennent de
la médecine et de l'éducation. Dans l'un, le patient est un
malade qu'il s'agit de guérir et qui consent à tout pour
cela; dans l'autre, c'est un enfant, qui est mineur, et que
son père, ou son précepteur avec l'autorisation de son
père, corrige quand il commet des fautes.

En politique, il n'y a ni médecins ni malades, ni tu-
teurs ni mineurs, et tout ce qu'on a dit pour faire croire
à quelque chose d'analogue dans les qualités respectives
de gouvernants et de gouvernés, n'a jamais été qu'une

sophistication de la morale, un procédé immoral à l'usage des imposteurs, des charlatans ou des mystiques.

Au moyen de ce procédé, fût-il employé de bonne foi, et je m'empresse de reconnaître qu'on l'emploie souvent de bonne foi, on fait un mal certain en vue d'un bien toujours problématique, quand il n'est pas un mal lui-même, ce qui arrive le plus ordinairement ; mais ce qu'il a de plus immoral, ce procédé, c'est que le bien qu'il a en vue, problématique ou non, n'est pas pour ceux à qui il cause un mal certain ; en sorte que sa véritable portée morale est celle-ci : *faire du mal aux uns pour le bien des autres.*

Ce n'est là qu'un procédé de guerre. La politique l'a introduit dans l'administration à la faveur des discordes civiles qu'elle provoquait elle-même, ou comme condition de la défaite d'un peuple vaincu par un peuple conquérant. La tradition l'a conservé, et le sophisme des avocats de la force en a dissimulé la source aux esprits honnêtes, mais timorés, qui n'osent pas pénétrer au fond des choses sociales. Nous lui devons ce dicton éminemment politique : *le mal des uns fait le bien des autres.*

Quoi qu'il en soit, ce procédé viole ouvertement le précepte universel qui commande absolument de ne pas faire de mal à autrui, et cela suffit pour le condamner. Je n'hésite pas à dire, en opposition avec les sophismes qui disent ou supposent le contraire, qu'on n'a jamais le droit de faire le mal si on n'y est pas autorisé par le cas de légitime défense. Et d'où viendrait donc un pareil droit, à moins que ce ne fût du ciel ? Si personne ne l'a individuellement, comment donc pourrait-on l'avoir collectivement ?

La politique est immorale, on n'en saurait douter ; mais on peut et on doit la moraliser. Pascal en expliquait l'immoralité, en disant : « Ne pouvant faire que la justice fût forte, on a fait que la force fût juste. » Pascal raillait. Il n'est pas plus possible de faire que la force soit juste, qu'il ne serait possible de faire que le soleil tournât autour de la terre. Il eût mieux fait de dire : Ne voulant faire que la justice fût forte, et ne pouvant faire que la force fût juste, on a fait que la première fût méconnaissable et que la seconde en usurpât l'autorité.

On a fait cela, en effet, et la religion n'a pas peu contribué à cette œuvre immorale. Mais ce qu'on n'a jamais fait, ce qu'on ne pouvait pas faire, c'était que l'injustice ne fût pas un mal, en politique comme dans la vie privée, et la conscience, témoin de cette impuissance des moralistes officiels, a toujours protesté en secret contre leurs théories.

L'injustice est toujours, toujours un mal ; voilà ce qui la caractérise. C'est un mal que l'homme fait à son semblable et qu'il pourrait se dispenser de lui faire ; voilà ce qui la rend tout particulièrement haïssable.

Loin de nous donc, loin de notre esprit, loin de nos consciences trop souvent abusées cet odieux sophisme, que ce qui est injuste dans la vie privée peut ne pas l'être dans la politique, ou que l'injustice peut être légitime en politique ! Injustice et légitimité sont deux mots contradictoires qui s'excluent. Encore une fois, l'injustice est toujours un mal, et, si l'on peut l'opposer à elle-même dans la politique et dans la vie privée, c'est uniquement pour montrer, comme je vais le faire sommairement, qu'elle est infiniment plus désastreuse dans la politique que dans la vie privée.

V. Si révoltants que soient les effets de l'injustice privée, ils restent nécessairement enfermés dans une sphère

étroite d'espace, de temps, de sentiments et d'intérêts qui
en atténue considérablement la portée ; d'ailleurs, le
bruit qu'ils font et l'horreur qu'ils soulèvent universellement dans leur sphère sont des avertissements salutaires
pour l'humanité. Si insignifiants, au contraire, que paraissent les effets de l'injustice politique, ils peuvent
s'étendre à tout un peuple, sinon au delà et à plusieurs
générations, et le soin que l'on prend communément d'en
dissimuler l'éclat ou d'en dénaturer le caractère moral
porte encore le trouble et l'obscurité dans toutes les consciences (1).

Pour comprendre, que dis-je ? pour entrevoir seulement l'étendue du mal que l'injustice politique peut produire, il suffit de rappeler les institutions de l'esclavage

(1) L'opposition que j'ai en vue ressortirait également d'un rapprochement des effets respectifs de l'erreur privée et de l'erreur
politique. D'ailleurs, je ne sortirais pas de mon sujet en faisant ce
rapprochement ; car si l'erreur politique n'est pas une injustice
proprement dite, elle procède presque toujours de l'injustice qui
attribue à certains hommes le pouvoir de faire ce qu'ils ne devraient pas faire.

Les erreurs individuelles ont une portée restreinte qui n'atteint
communément que ceux qui les commettent, lesquels en tout cas
sont responsables du mal qui en résulte pour autrui ; les erreurs
politiques, au contraire, ont une portée incalculable ; exemple :
le *système de Law*, les *assignats*, l'*altération des monnaies*, le *papier
monnaie*, etc. ; et ceux qui les commettent ne sont pas responsables
dans le sens légal du mot responsabilité. On peut dire, d'autre
part, que les plus grandes injustices politiques n'ont été souvent
que des erreurs dans la pensée de leurs auteurs.

Il faut les incurables aveuglements de la politique pour cacher
à tout le monde cette vérité de sens commun si simple : qu'il est
insensé et téméraire de faire dépendre d'un seul, de son caprice,
de son ignorance, de sa distraction, de sa méchanceté ou de sa
présomption, le sort d'une infinité de ses semblables.

et des castes. Une prétendue philosophie de l'histoire s'est efforcée de montrer dans ces institutions des procédés indispensables de civilisation. Je ne m'arrêterai pas à combattre ce sophisme aussi honteux que puéril pour la philosophie et l'histoire qui l'ont accueilli.

Pendant des centaines de siècles, l'humanité a autorisé et souffert le fléau de la servitude, et, aujourd'hui, elle n'en est pas encore affranchie. Il y a trois ou quatre mille ans que des centaines de millions d'Indiens, en Asie, gémissent sous le détestable régime des castes, régime d'autant plus détestable que ceux qu'il avilit en arrivent à le croire bon, juste, sacré, et qu'ils ne veulent plus en sortir!... La politique, la religion et la philosophie se sont coalisées pour obtenir ce résultat... Quelle infernale puissance a donc l'éducation officielle pour étouffer ainsi dans la conscience des hommes toutes les voix de la nature, de la pudeur, du sens commun, de l'humanité!

VI. Si les injustices politiques de l'esclavage et des castes ont, dans l'étendue et la durée de leurs effets, ces dimensions prodigieuses qui épouvantent la raison, que penser de la guerre qui les engendre? La guerre a d'ailleurs des caractères infiniment plus émouvants. Je me garderai bien pourtant d'en décrire les horreurs. Si vive, si passionnée, si éloquente que pourrait être ma description, elle resterait encore cent fois trop pâle devant le souvenir poignant que nous a laissé à tous l'exécrable crime politique de 1870-71. Mais je parlerai de ses hypocrisies, qu'on ne saurait trop flétrir.

Qui le croirait? il y a un droit de la guerre! Rien ne caractérise mieux l'iniquité de la politique en général et la nature de ce qu'elle entend par le mot DROIT en particulier que ce prétendu droit de la guerre, négation, corruption ou violation de tous les droits véritables. Je ne blâme pas, entendons-nous bien, les arrangements politiques qui se proposent d'atténuer les horreurs de la guerre entre les peuples civilisés ; mais, par pudeur, par respect pour le véritable DROIT, par considération pour les entrainements de l'esprit à confondre toutes les choses qui portent le même nom, n'appelons pas ces arrangements un droit !

Eh bien, oui, il y a un droit de la guerre, c'est la politique qui veut cela ! Mais ce droit, — on devait s'y attendre, — est digne du sujet qui l'a inspiré, s'il n'est pas plés détestable encore. Je comprends jusqu'à un certain point la violence, la fureur, l'ivresse sauvage du meurtre et du pillage ; il y a en nous des instincts animaux qui expliquent tout cela ; mais la prétention froide et calme de réglementer tout cela, d'en faire une institution protectrice des agresseurs et des conquérants pour la légitimation de leurs forfaits, je ne la comprends pas, je ne veux pas la comprendre ; je fais mieux, je la condamne et la méprise au nom du véritable DROIT. Voici quelques-unes de ses dispositions légales.

Le citoyen non militaire d'un pays envahi ne doit pas s'armer pour repousser l'invasion, même pour repousser les excès les plus honteux qui l'atteignent lui-même directement, et, s'il enfreint cette prohibition, il sera traité comme un bandit, comme un chien enragé plutôt, car un bandit a des juges ; il sera tué sur place sans forme de procès. En revanche, il devra satisfaire, sous peine de mort également, à toute réquisition destinée à la conquête ou à la destruction de son pays ; il devra même travailler personnellement aux ouvrages de défense ou de fortification qui ont la même destination. Enfin, s'il entretient des intelligences avec ses compatriotes armés, il sera traité comme espion.

De pareilles dispositions ne suppriment pas seulement le droit de légitime défense, le seul que la guerre comporte réellement, le seul qui l'autorise devant la morale, mais d'un côté seulement, elles le renversent en forçant le défenseur à s'attaquer lui-même de concert avec ses agresseurs! Si les voleurs et les assassins faisaient le droit pénal, ils ne feraient pas autrement, et très-probablement ils montreraient moins de cynisme.

L'espionnage et la trahison, par une subtilité toute militaire, ne sont réputés infâmes à la guerre que pour les espions et les traîtres. Quant aux complices de ces malheureux, qui les provoquent, qui les soudoient, qui profitent de leurs actes sans en courir les dangers, ils ne sont pas atteints par l'opinion, et ils auront tous les honneurs, toute la gloire du succès dont l'espionnage et la trahison auront été les moyens, si même, étrange inconséquence de l'opinion! on ne leur fait pas un mérite particulier d'avoir épargné le sang des hommes. En droit commun, comme on sait, le complice d'un voleur, d'un incendiaire, d'un assassin, est lui-même voleur, incendiaire, assassin. Le droit de la guerre n'est pas tenu à cette logique morale, au contraire!

La même justice distributive préside à la répartition des profits de la guerre, quand la guerre donne des profits. Et pourquoi la guerre ne donnerait-elle pas des profits, puisque le vol et l'assassinat, qui ne sont autre chose que la guerre privée, en donnent? Au soldat, toute la peine, presque tous les dangers, souvent même la dépense comme contribuable ; au chef, l'avancement, les récompenses honorifiques, l'*honneur*, la *gloire*, et la part du lion dans le butin!...

VII. Je parle d'honneur et de gloire, voilà donc le *net profit* de la guerre pour l'humanité à qui la guerre coûte si cher? Net profit en effet, puisque, suivant les conquérants eux-mêmes, on peut être vaincu et avoir encore des titres à l'honneur et à la gloire, puisque sans cela il n'y aurait que perte partout. Territoires et populations annexés, butin enlevé, matériel capturé, tout cela est déplacé. Ce que les uns gagnent à ce déplacement, les autres le perdent, comme dans un tripot. La surface du globe n'en est ni plus grande ni mieux fortifiée contre la rage de ses habitants ; elle n'en est ni plus peuplée ni plus féconde, au contraire ; seuls l'*honneur* et la *gloire* ont grandi !...

Et c'est pour un pareil résultat, dont quelques hommes seulement profitent, que les peuples s'égorgent, se ruinent et se plongent dans le deuil les uns les autres !...

Ici un rapprochement se fait malgré moi, pour ainsi dire, dans ma pensée. Il y a un an à peine, l'Europe entière s'émut à la nouvelle qu'un forcené venait d'assassiner toute une famille, composée du père, de la mère et de six enfants. Si une seule voix se fût élevée pour réclamer en faveur de l'assassin, elle eût été couverte d'une formidable clameur d'indignation et de mépris. Eh bien, combien faudrait-il de forcenés comme Troppmann pour faire autant de mal à l'humanité que les quelques fauteurs de la guerre de 1870-71 ?... (1).

(1) Un triste côté de cette guerre, il faut le dire bien haut, c'est la part qu'y ont prise les soi-disant libéraux de l'Europe, en Allemagne et en Angleterre notamment.

Que des écrivains français (pas des libéraux, ceux-là !) aient montré de l'impudence avant les désastres qui ont abattu leur méprisable jactance, ce n'est qu'un malheur de plus aux yeux des honnêtes gens; mais des *docteurs* quittant leurs travaux philosophiques pour applaudir aux déshonneur de l'humanité, des journalistes, des prédicateurs, des historiens, vomissant le sarcasme

La moralité de ce chapitre, ne l'oublions pas, est dans l'opposition au point de vue de leurs effets respectifs, de l'injustice politique et de l'injustice privée. Elle ressort d'une manière effrayante de ce rapprochement que pourtant je ne pousserai pas plus loin. Je rougirais de la nécessité d'insister sur l'enseignement qu'il contient ou j'en ferais rougir le lecteur.

VIII. L'esclavage, les castes, la guerre, voilà des injustices politiques au sujet desquelles tous les hommes éclairés et consciencieux sont d'accord ; mais combien d'autres qui ne nous frappent pas, et d'autres encore qui nous frappent, mais pour nous faire illusion, et que nous tolérons, pour le moins, qnand nous ne les admirons pas ! Or, en politique comme dans la vie privée, toutes les injustices sont solidaires ; toutes se tiennent, s'appuient, s'engendrent et se fortifient. Il faut donc les signaler toutes.

Parmi ces autres injustices, je place au premier rang les turpitudes de l'inégalité : la *majesté* des rois, la *sainteté* et l'*infaillibilité* des papes, la *hautesse*, l'*excellence*, la *sérénité*, la *grâce*, que sais-je? des grands, l'*inviolabilité* des fonctionnaires, le *privilége* des nobles, la *régie sacerdotale* des prières, le *monopole* des institutions de crédit, la *protection* de l'industrie et du commerce; enfin, et pardessus tout, l'*omnipotence* du législatateur, ce personnage

et le persiflage à la face des vaincus; des boutiquiers, des agioteurs, insultant à la résistance désespérée qui dérangeait leurs combinaisons mercantiles, tout en s'extasiant devant les *tours* du diplomate soldat, à qui revient la plus lourde responsabilité de la guerre , c'est odieux, c'est lâche... En Angleterre, tout cela est sans excuse, et rien n'aurait pu montrer ce noble pays sous un jour plus triste et plus honteux, si tout cela avait été l'œuvre du peuple anglais; mais tout cela, je le répète, était l'œuvre d'un monde sceptique, humoriste, railleur et incapable de générosité. Le peuple anglais, au contraire, était sympatique à la France malheureuse.

mystique par excellence, qui s'enveloppe des nuages du Sinaï, pour se séparer de la terre, sans doute, puisqu'il en méconnait si souvent les besoins et les véritables lois.

Cette dernière injustice politique, l'omnipotence du législateur, a des caractères tout particuliers qu'il faut dévoiler; elle s'abrite sous un sophisme dont on abuse trop de nos jours : le sophisme du nombre ou des majorités.

Toutes les fois qu'il s'agit d'une question de convenance, qu'il faut résoudre en commun et pour laquelle tout le monde n'est pas d'accord, il est naturel, il est même nécessaire, de s'en rapporter à la décision des majorités ; mais, quand il s'agit d'une question de droit, de justice, de science morale, les majorités ne peuvent pas plus décider que la force ; car, en pareil cas, elles ne sont pas autre chose que la force, la force du nombre. Il est vrai qu'avec un droit douteux, comme il s'en trouve quelquefois, la décision à prendre devient une question de convenance ; mais, ce cas excepté, toute résolution des majorités qui blesse la justice est un acte violent et condamnable comme la guerre elle-même.

Le précepte de justice : «Ne fais pas à autrui ce que tu ne voudrais pas qu'on te fît», ne comporte aucune réserve à l'égard du nombre; il s'impose aux majorités comme aux minorités, aux collectivités comme aux individualités. Un peuple tout entier est aussi criminel quand il tue, quand il vole ou qu'il manque à la foi jurée qu'un individu. Ce n'est pas l'acteur qui caractérise l'acte, c'est l'acte qui caractérise l'acteur; et quand l'acte est criminel, l'acteur est criminel également, s'appelât-il législateur, s'appelât-il légion, s'appelât-il Dieu même.

IX. L'abus des décisions politiques par voie de scrutin a pris un caractère tout particulier avec le système élec-

toral des gouvernements constitutionnels. D'abord on a
soumis la fonction électorale à des conditions dites de
capacité qui n'ont rien à faire avec le droit. Dans une société quelconque, chaque associé doit souscrire sciem-
ment et volontairement au contrat qui l'engage envers ses
co-associés, autrement il n'est pas associé, il est esclave.

On a allégué pour justifier de pareilles conditions
des considérations de sécurité; mais ces considérations
préjugent la question qui nous occupe, et elles la préjugent dans le sens qui suppose l'injustice favorable
à la sécurité. L'ignorance et la pauvreté peuvent être
des obstacles à la pureté du suffrage politique; mais
cette pureté a d'autres obstacles qui viennent d'autres
sources et qui sont plus dangereux pour la sécurité, ce
sont l'esprit de parti, l'ambition, l'égoïsme, l'amour des
places et des priviléges, etc. Si, de ces deux catégories
d'obstacles, il en est une qui puisse autoriser la suppres-
sion légale du droit électoral, c'est la dernière, parce que
la dernière est de nature à soulever des questions de responsabilité que la première ne soulève pas. L'ignorance
et la pauvreté sont des malheurs, et la politique qui en fait
des vices est odieuse, d'autant plus odieuse qu'elle en est
la cause. L'ambition, l'égoïsme, l'amour des places et des
priviléges sont des vices, et la politique qui en fait des
titres au droit électoral est tout à la fois odieuse et cy-
nique.

Mais là où la politique montre une véritable impudence dans l'usage qu'elle fait du principe électoral, c'est
quand, affectant de voir en lui, autrement dit dans le
peuple, la source de tous les droits politiques, elle le fait
servir à la justification d'un coup d'État que rien ne peut
justifier, quand elle en fait la base d'une constitution ty-
rannique qui le mutile; enfin, quand elle en fait sortir

une monarchie héréditaire qui l'annule. On s'indigne d'entendre dire que la République est au-dessus du suffrage universel; rien n'est pourtant plus vrai ni plus conforme au droit. C'est que la République conserve le droit électoral non-seulement à ceux qui le possèdent, mais encore à ceux qui l'acquerront demain et plus tard, tandis que la monarchie héréditaire le détruit tout à la fois chez les uns et chez les autres.

Il faut dire si on admet ou si on n'admet pas le principe électoral. Si on ne l'admet pas, il ne faut rien lui demander, pas même de modestes conseillers municipaux. Si on l'admet, on ne peut pas lui demander de monarques héréditaires, pas plus qu'on ne pourrait demander à un individu quelconque d'aliéner à perpétuité sa liberté et celle de tous ses descendants.

Cette question du droit électoral tient à la question plus générale du mandat politique que j'examinerai plus loin. Je me contenterai de dire pour le moment, de cette dernière question, qu'elle caractérise le terrain où la politique montre avec le plus d'impudence et de cynisme le dédain qu'elle a toujours professé pour le bon sens, la justice et l'intérêt commun de tous ceux dont elle prétend exercer légitimement les droits.

———

CHAPITRE II.

La Justice et la Civilisation.

I. En précisant la véritable nature de la justice et en montrant combien nous sommes loin, en politique, de l'heureuse condition qu'elle nous assurerait, je crains d'avoir porté le découragement dans l'esprit de mes lecteurs. Si le mal est si grand, me diront-ils tristement, quel espoir de nous en délivrer jamais ?

Oui, c'est la grandeur du mal qui nous fait douter de la guérison ! Mais, ayons le courage de le dire, c'est le doute, à son tour, qui ajoute à la grandeur du mal ; car, en précipitant les natures avides de foi dans les sombres croyances du fatalisme, et en jetant les consciences légères dans les bras de l'ennemi du bien, il enlève à la justice une partie considérable de ses forces. Cependant, il n'y a pas lieu de désespérer, et tout porte à croire que le triomphe de la justice est prochain.

Ma confiance à cet égard n'a rien de mystique, qu'on le sache bien. Je suis profondément antipathique à toute croyance que l'expérience et le sens commun ne justifient pas ; mais l'expérience et le sens commun justifient pleinement à mes yeux la perspective du triomphe que je prévois.

II. Le progrès continu, dont l'histoire nous a suggéré l'idée, n'est autre chose qu'un dégagement successif de vérités de toutes sortes, indépendantes les unes des autres, en apparence, mais solidaires, en réalité, et subordonnées, quoi qu'il en semble, à la vérité morale la plus indispensable au progrès, la justice.

La raison de cette subordination est simple : elle tient à ce que les vérités en question ne se dégagent qu'au moyen d'un développement fécond de l'activité sociale, lequel développement n'est fécond que par la liberté et la propriété, dont il suppose aussi le développement ; or, la liberté et la propriété sont les conditions essentielles de la justice.

Un rapide coup d'œil sur l'histoire montrera le fondement expérimental de mon affirmation.

III. Il est à peu près admis aujourd'hui comme vérité incontestable que la civilisation moderne est supérieure à toutes les civilisations de l'antiquité. On paraît d'accord également sur les principaux caractères de la supériorité admise; mais on s'inquiète assez peu de sa raison d'être essentielle, qui, pourtant, mérite une sérieuse considération.

La raison d'être de cette supériorité est, suivant moi, dans la justice relative que comportent, au point de vue politique, les civilisations comparées. Examinons cette hypothèse.

Si l'on se demande en quoi les civilisations comparées diffèrent le plus, la première pensée qui vient à l'esprit est celle-ci : l'esclavage est une des bases fondamentales des sociétés antiques, tandis qu'il aura bientôt complétement disparu des sociétés modernes, du moins de celles qui représentent la civilisation.

Mais, qu'est-ce que cela veut dire ?

Cela veut dire que les sociétés antiques sont sensiblement plus injustes en politique que les sociétés modernes. L'esclavage, en effet, peut être considéré comme la négation la plus complète de la justice politique, puisque l'esclave est privé à la fois de sa liberté et de sa propriété.

Mais cela suffit-il à expliquer la supériorité de la civilisation moderne sur les civilisations antiques?

Quelle autre raison pourrait être comparée à celle-là? Tous les progrès qui caractérisent la supériorité admise viennent du travail, et c'est le travail que l'esclavage paralyse, en le dépouillant de la liberté et de la propriété qui en font toute la fécondité. Voici, d'ailleurs, des faits historiques d'une portée saisissante pour la démonstration que j'ai en vue.

III. Les Grecs et les Romains, les deux peuples de l'antiquité dont l'histoire nous est le mieux connue, ceux aussi qui ont porté la civilisation antique à la plus grande hauteur, nous donnent ce spectacle significatif de populations qui diminuent constamment en nombre, en moralité et en puissance réelle, à mesure que l'esclavage se développe chez elles. Certains progrès, néanmoins, restent compatibles chez elles avec cette diminution, mais pour un temps seulement, car il arrive un moment où tous les progrès accomplis par elles sont entraînés dans la grande débâcle de leur décadence.

Les historiens qui s'occupent de la décadence des sociétés antiques, notamment de la société romaine, en prennent généralement les symptômes pour les causes, ou bien ils échappent à l'embarras de l'expliquer scientifiquement au moyen de cette théorie fataliste que les peuples naissent, grandissent, déchoient et meurent comme les individus, et en vertu de lois analogues que l'observation ne découvre nulle part. Mieux inspirée, l'histoire ne tardera pas à reconnaître que les causes de ce grand phénomène sont tout entières dans l'injustice exorbitante de la politique grecque et romaine (1).

Le fait de cette décadence peut être considéré comme un témoignage négatif; en voici un autre d'un caractère positif.

IV. Depuis la chute de l'empire romain jusqu'au moyen âge, le phénomène de dissolution, qui semble particulier à cet empire, continue après sa chute. Il atteint successivement les Visigoths, les Francs mérovingiens, les Lom-

(1) Voir à ce sujet mon ouvrage intitulé : *Problème démocratique.* Librairie internationale.

bards et les Francs carlovingiens. Chose étrange et signi-
ficative, il atteint jusqu'aux sociétés anglo-saxonnes
établies dans la partie romaine des Iles britanniques ! A la
fin du xe siècle, l'empire fondé par Charlemagne, qui
semblait si puissant sous ce monarque guerrier, arrive à
la plus affreuse décrépitude, et cela principalement dans
sa partie romaine.

A partir du xie siècle, tout cela change, comme si un
sang nouveau et plus généreux se fût infusé dans les
veines des populations latino-barbares; leur nombre, leur
industrie, leur richesse, leur intelligence, leur moralité,
jusqu'à leur courage, si abattu pendant les siècles précé-
dents que la vue seule d'un pirate normand les faisait fuir
par centaines, grandissent à la fois et d'une manière sur-
prenante... Que s'est-il donc passé ?

Elles n'ont pas été envahies, et aucun principe nouveau, philosophique ou religieux, n'est venu modifier
leurs idées politiques. C'est l'époque, il est vrai, où la
féodalité s'établit définitivement sur les ruines du pouvoir monarchique ; mais, s'il faut en croire nos historiens,
pour qui le principe unitaire romain, représenté par la
monarchie, peut seul expliquer les progrès accomplis en
Europe depuis le moyen âge, la féodalité aurait plutôt
empêché que favorisé ce changement. Dans la féodalité
et le moyen âge, nos historiens s'accordent à ne voir
autre chose qu'une nuit profonde. une sorte d'éclipse de
la civilisation.

Ce qui s'est passé sous le voile de cette nuit profonde,
je vais le dire :

L'esclavage antique a disparu (1).

Ne cherchons pas d'autre cause au progrès continu qui

____

(1) Voir mon *Problème démocratique.*

commence en Europe avec le moyen âge ; celle-là suffirait seule à l'expliquer, et sans elle toutes les autres seraient impuissantes.

Mais cette cause n'est autre chose qu'un progrès de la justice politique ; et, de tous les progrès du même genre, il n'en est pas qui pouvaient agir plus heureusement sur le travail pour en multiplier l'efficacité et la puissance. Cette cause est donc, on n'en saurait douter, la raison d'être de la supériorité admise dans la civilisation moderne sur toutes les civilisations de l'antiquité.

L'abolition de l'esclavage est sans contredit la révolution la plus grande et la plus féconde que l'humanité ait jamais accomplie. Mais, encore une fois, c'est une révolution de justice politique. Elle creuse entre le monde antique et le monde moderne un abîme où disparaît le flot alternatif des civilisations incomplètes et de leurs décadences forcées pour donner naissance au flot perpétuel du progrès continu.

Je ne m'arrêterai pas à examiner comment s'accomplit cette révolution. Je me contenterai de dire qu'elle sort d'un besoin impérieux dont ceux-là même qui l'accomplissent ne se rendent pas compte, devant les conséquences duquel ils reculeraient peut-être s'ils pouvaient les prévoir. Elle est due à un concours de circonstances heureuses qu'on pourrait appeler, en histoire comme en zoologie, une *sélection naturelle*.

Quoi qu'il en soit, tirons-en cette triple conclusion que, désormais, l'humanité ne doit plus attendre son bonheur du hasard des sélections naturelles, qu'elle doit le chercher à la lumière des enseignements que son passé bien étudié lui fournit en abondance ; enfin qu'elle le trouvera dans une subordination complète et à tous les points de vue de la politique à la justice.

V. Mais on prétend que la justice est chose vague, élastique, variable avec le temps, les lieux, les hommes et les circonstances, et que, en politique, on ne peut rien fonder de solide sur une pareille base.

Je voudrais bien qu'on m'indiquât en politique quelque chose de plus net, de plus précis, de plus inaltérable en tout temps et partout, que les préceptes universels de morale dont la conscience est l'incorruptible dépôt !

Prétendrait-on, par hasard, opposer à l'ensemble de ces préceptes, les théories décevantes du *salut public*, de *l'intérêt général*, du *bonheur commun* qui ont soulevé des controverses si désolantes pour les amis sincères du progrès ? Conçoit-on quelque chose de plus vague, de plus élastique de plus inconséquent et de plus variable avec les hommes et les circonstances que ces théories ?

Mais, en dehors de ces théories et de la justice, qui leur donne satisfaction dans ce qu'elles ont de sensé et de praticable, où chercher une base pour la politique, à moins que ce ne soit dans la théocratie ? On n'en saurait douter, la justice est de toutes les bases qu'on a voulu donner à la politique la plus claire, la plus précise, la plus large et la plus solide ; c'est d'ailleurs la seule qui satisfasse à toutes les exigences de l'expérience et de la raison, autrement dit, de la science. Il ne doit pas y en avoir d'autre.

Il y en a une autre cependant ; celle-là, personne ne l'avoue ; mais elle n'en est que plus dangereuse : c'est l'ambition et l'égoïsme des gouvernants. Je crains bien qu'en France nous n'en ayons pas d'autre ordinairement.

On m'accusera de sévérité excessive, sinon d'injustice, envers une infinité d'hommes honnêtes qui se rallient consciencieusement aux intérêts de la conservation politique.

Je ne m'attaque pas aux personnes, mais aux faits ; je reconnais même qu'en politique on commet souvent des infamies sans le savoir ; par conséquent, on peut parfaitement ne pas se douter des injustices que l'on commet ou dont seulement on est complice, en appuyant des intérêts contraires à la justice ; mais, cette légitime concession faite en faveur des circonstances atténuantes de l'injustice politique, je n'ai plus rien à dissimuler.

J'ajouterai donc à tout ce que j'ai déjà dit touchant cette injustice que, sous l'éclat, la pompe ou la subtilité des allégations officielles destinées à la justifier, on peut toujours découvrir une nudité honteuse qui se cache, un mobile ambitieux, égoïste, cupide ou criminel que l'on n'ose pas avouer.

A ceux qui prétendent le contraire, je demanderai comment il se fait que les grandes âmes de la politique, si elles sont désintéressées, comme elles nous l'assurent elles-mêmes, arrivent toujours à posséder, en quantités énormes et scandaleuses, ces richesses *méprisables* (langage officiel), qu'elles ne produisent pas, et dont elles font d'ailleurs un usage détestable ?

Et si l'on prétendait qu'un pareil fait n'est pas général et caractéristique de la politique, je demanderais encore comment il se fait que, dans l'histoire, la richesse va toujours aux classes qui gouvernent sans la produire, tandis qu'elle manque toujours aux classes qui la produisent sans gouverner, bien que le droit à sa possession soit fondé sur le travail qui la produit ?

VI. Que les classes ouvrières qui doutent aujourd'hui de

l'efficacité de la justice en politique pour l'amélioration de leur condition économique, méditent bien sur les deux questions que je viens de poser; qu'elles méditent bien ensuite sur cette considération : qu'en menaçant de s'emparer du pouvoir avec l'intention d'en faire tourner les injustices à leur profit, elles autorisent ceux qui le tiennent ou le tenaient, et qui en ont usé injustement à le conserver quand même, ou à le reprendre et à en user toujours injustement.

Il ne s'agit pas de courber en sens contraire l'arc de l'injustice politique, mais de le redresser.

Aucune catégorie sociale n'a souffert et ne souffre encore de l'injustice politique comme celle des travailleurs ; aucune, par conséquent, n'a plus à gagner à l'avénement de la justice. L'hostilité qu'elle montre souvent à l'égard de la liberté et de la propriété vient de ce qu'elle n'en comprend pas la nature et la fécondité, ou que certains accidents de notre économie, faussée par les interventions arbitraires de la politique, lui font illusion sur la portée de leur application économique.

VII. Ainsi donc, plus de drapeaux décevants, menteurs souvent, du moins pour leur subordonner la justice ! La justice doit tout dominer dans la vie publique et privée. Discutons, soit ! mais n'étouffons pas le seul cri de nos consciences qui ne nous égare jamais, ce cri invariable, éternel, navrant de l'humanité opprimée : justice !

Sans la justice, soyons-en bien convaincus, il n'y a pour nos sociétés avides de progrès, ni salut, ni fortune, ni ordre, ni paix, ni égalité, ni fraternité, ni bonheur. Avec elle, au contraire, tout le bien que la nature humaine comporte devient possible; et, au besoin, la charité, qu'elle conseille, qu'elle ordonne presque, intervient sous ses auspices pour soulager les souffrances intolérables de la transition à passer avant qu'elle ne produise tous les effets qu'elle doit produire.

Que cette conviction anime tout le monde comme elle m'anime moi-même, et bientôt nous marcherons droit et vite dans la voie du progrès, où nous n'avançons encore qu'en tâtonnant, comme des aveugles, quand nous ne nous en éloignons pas, comme des voyageurs égarés.

CHAPITRE IV.

La pratique politique, ses contradictions et ses dangers.

I. *Soyons pratiques !* disent les avocats de l'injustice politique, pour qui ces deux mots, véritable consigne des partis hostiles au progrès, signifient : repoussons systématiquement tout idée nouvelle qui vient troubler les intérêts que nous défendons.

Soyons pratiques ! dirai-je à mon tour, mais assurons-nous que la pratique est bonne. Il y a évidemment pratiques et pratiques. Il y en a d'utiles, d'inutiles et de nuisibles, d'innocentes, d'indifférentes et de criminelles ; et l'ancienneté ne fait rien à leur mérite, puisque le vol, l'incendie et l'assassinat se pratiquent depuis le commencement du monde. Ce n'est pas tout, sachons encore de quoi il s'agit !

Il s'agit pour nous de subordonner la politique à la justice. Mais qu'entendons-nous par le mot *politique* dans le sens que nous lui donnons ici ? Cette politique que l'on pratique depuis si longtemps et si mal, d'où vient-elle, où va-t-elle, quel est son but?

Le but de la politique! C'est à quoi personne ne songe; et on embarrasserait fort un homme d'Etat, si on lui demandait de s'expliquer clairement, et surtout franchement à ce sujet. Chacun fait de la politique à son poste, celui-ci comme souverain, celui-là comme ministre, cet autre comme député, sénateur, préfet ou garde champêtre; tous émargent régulièrement au budget; s'occupent de leurs intérêts particuliers, de leurs familles, de leurs amis quelquefois, mais du but commun qu'ils sont censés poursuivre ensemble, il n'en est pas plus question que du premier né de Nabuchodonosor.

II. La politique, dit-on, est l'art de gouverner, soit! mais le gouvernement a-t-il un idéal, un but?

Abrégeons: le gouvernement est une fonction sociale, qui doit avoir en vue, comme toutes les autres fonctions de la société, comme l'agriculture, l'industrie, le commerce, l'éducation, etc., le bien-être des associés; mais, comme ces autres fonctions, la fonction gouvernementale doit avoir son objet spécial, et cet objet doit s'harmoniser avec tous les objets analogues de la division du travail social qui a le bien-être des associés en vue.

Prétendrait-on que son objet spécial est de surveiller, diriger, modifier au besoin l'action des autres fonctions pour le plus grand bien-être de la société? Telle peut bien être en théorie la prétention des gouvernants; mais, en pratique, une pareille prétention est tout à la fois insensée, ridicule, périlleuse et incompatible avec le droit. D'une part, l'objet qu'elle se proposerait serait la mer à boire, et, d'autre part, il faudrait pour tenter de l'atteindre violer la liberté et la propriété, fondements du droit.

Le bien-être de la société, c'est le bien-être de chacun de ses membres, et personne ne sait mieux que chacun en quoi il consiste et comment on peut le réaliser pour chacun. Sans doute, le nombre est grand des associés pour qui le bien-être est un but inaccessible ; mais à qui la faute ?

Dans la pratique ordinaire, quand une fonction n'atteint pas le but pour lequel on l'a établie, on commence par en changer les fonctionnaires, et, quand on s'est convaincu que tous les changements possibles de fonctionnaires ne la rendent pas meilleure, on la change elle-même. Vit-on jamais fonction plus universellement convaincue d'impuissance que la fonction gouvernementale, si l'on suppose que son objet spécial soit de procurer le bien-être à tous les associés politiques ? Pourquoi donc s'obstiner à lui assigner un pareil objet ?

Un pareil objet, je le répète, est insensé, ridicule, périlleux et incompatible avec le droit. Tous les malheurs de l'humanité viennent de l'illusion qu'il nous cause. Le véritable objet du gouvernement ou de la politique, le seul que cette fonction sociale puisse atteindre et atteigne en effet dans une certaine mesure, c'est, avec la gestion de certains intérêts généraux, qui sont communs à tous les associés politiques, la garantie de l'ordre et de la paix dont chacun a besoin pour sa fonction privée dans l'économie sociale, la garantie de la liberté et de la propriété de chacun et de tous, en un mot, la *justice*.

Le gouvernement remplit mal cet objet, je l'ai suffisamment démontré ; mais c'est uniquement parce qu'il ne l'a pas exclusivement en vue, et parce que, entre cet objet et ceux qu'il se propose témérairement, il y a contradiction saisissante, qu'il le remplit mal. Il le remplira bien dès qu'il se renfermera dans les limites naturelles de sa véritable fonction,

III. Rien ne justifie mieux le jugement que je porte ici sur la fonction politique de nos sociétés que la pratique même de cette fonction.

Quand nous considérons notre administration gouvernementale dans son ensemble, nous sommes frappés tout d'abord de son importance énorme, de ses complications infinies, du nombre prodigieux de ses employés, de l'immense travail qu'elle suppose, et nous nous sentons comme accablés de notre impuissance à la juger. Cependant, si nous prêtons l'oreille aux appréciations de détail qu'elle provoque de tous côtés, nous sommes amenés à penser que, sous cet appareil imposant, se cache un corps sans âme, occupé à *paperasser* sans cesse, dont les forces s'épuisent à faire et défaire une espèce de toile de Pénélope, qui n'a pas l'excuse d'une âme attendue, et dont l'action finale sur la société est purement paralysatrice et corruptrice.

Si nous cherchons ensuite à expliquer cette contradiction des apparences et de la réalité, nous ne tardons pas à découvrir que dans cette machine si vaste et si compliquée, les organes s'engendrent les uns les autres sans être engendrés, ni ensemble ni séparément, par aucun besoin sérieux de la société. On connaît ces trois croix d'un honorable, qui avait eu la troisième parce qu'il en avait deux, la deuxième parce qu'il en avait une et la première parce qu'il n'en avait pas ; ainsi s'expliquent les organes de notre administration gouvernementale. Voyons plutôt.

Le ministère des finances est sans contredit un des rouages les plus considérables de notre administration, et le fait que ses complications tiennent aux complications des autres ministères et de la politique en général n'est un mystère pour personne. « Faites-moi de la bonne politique, disait le baron Louis à Napoléon Ier, et je vous ferai de bonnes finances. » Mais il faut montrer comment ses propres complications s'engendrent les unes les autres.

Le développement excessif de l'administration prise dans son ensemble occasionne des dépenses excessives auxquelles il est impossible de pourvoir au moyen d'un système simple et équitable de perception, et on a recours à toutes sortes de procédés fiscaux, comme les douanes, les octrois, les tabacs, le sel, les postes, les marchés, les mutations, le papier timbré, les patentes, les portes et fenêtres, les décimes, etc., etc., procédés qui sont extrêmement coûteux, et qui réclament beaucoup de monde.

Voilà déjà une complication financière qui prend sa source uniquement dans l'excès des dépenses publiques et le désir d'en dissimuler le poids au contribuable. En voici une autre qui, à son tour, prend exclusivement sa source dans celle-là.

Le produit des impôts ne suffisant pas encore aux dépenses excessives de l'administration, on emprunte, et l'organe financier de la dette publique, qui n'est pas simple, comme on sait, vient s'ajouter à tous les autres.

Je pourrais signaler bien d'autres complications naissant des emprunts, de la manière ruineuse de les contracter (1), comme l'amortissement qui fonctionne sans amortir, les conversions, etc., mais j'aurais trop à faire.

_____

(1) Sous l'étrange prétexte d'unifier le crédit public on émet du 3 p. 100 à un taux inférieur au pair, ce qui fait que pour cent francs, que le Trésor reconnaît devoir, et qu'il devra payer tôt ou tard, il ne reçoit que 65, 60 ou 55. Un commerçant failli dont les livres porteraient la trace d'opérations semblables serait certainement considéré et poursuivi comme banqueroutier frauduleux.

Le ministère de l'intérieur nous fournirait des exemples de même nature en très-grand nombre. Je me contenterai de les indiquer.

Voici un dossier volumineux ; il a passé et repassé plusieurs fois par tous les degrés de la hiérarchie, depuis le ministre jusqu'au sous-préfet, quand il n'a pas fait d'excursions latérales dans les innombrables divisions du service général ; eh bien, si nous remontons à sa source, nous trouvons qu'il sort d'une intervention abusive de l'administration dans une affaire communale ou privée. Il n'en faut pas moins des employés, des bureaux et des allocations spéciales pour de pareilles interventions. Ce sont donc les abus de ces interventions qui engendrent les complications du service dans ce ministère. Et ces abus, combien sont-ils ? Innombrables.

Il est d'autres ministères dont toute l'action est abusive ; tel est le ministère des cultes. J'en dirais volontiers autant du ministère de l'instruction publique. L'État gouvernant les intelligences et les consciences, c'est tout simplement monstrueux.

Et les chambres ! et le Conseil d'État ! et les tribunaux dans leurs rapports avec le gouvernement ! et tant d'autres choses !... (1).

(1) Une administration politique bien entendue ferait plus et mieux pour la société avec dix fois moins de monde et autant de fois moins de frais peut-être que nos administrations actuelles.

On n'a jamais compris les réformes administratives qui demandaient la réduction du personnel et des dépenses en conservant la forme et les cadres de l'administration actuelle, et on avait raison. Aussi n'est-ce pas d'une réforme semblable qu'il s'agira ici. La dette énorme que nous impose la guerre nous fait une nécessité toute particulière des réformes sérieuses et économiques. Si nous persistons dans nos vieux errements administratifs, nous ne ferons pas d'économie, nous serons écrasés d'impôts, nous aurons malgré

Maintenant, je soumets au lecteur le plus subtile le problème suivant :

Étant données tant de complications administratives, en déduire l'action utile sur la société?

Quant à leur action nuisible, le régime impérial qui vient de tomber nous en a montré un résultat si complet et si lamentable que je recule devant la tâche de le décrire; mais j'en montrerai la cause essentielle qui paraît échapper à tout le monde. Je veux parler du *mandat politique*.

IV. Depuis que nous ne croyons plus au droit divin et que nous refusons de souscrire au droit de la force, nous sommes bien forcés de reconnaître que la fonction gouvernementale est un mandat. Qu'elle ne tienne pas ce caractère de la tradition ni d'un contrat explicite, il n'importe, la nature des choses, bien comprises ou non, le lui donne, cela suffit. Or, voilà ce que la politique ne veut pas admettre, et c'est en cela que son injustice éclate d'une manière saisissante.

Un mandat, quel qu'il soit, est soumis à des règles étroites d'équité et de sens commun qu'on ne peut pas fausser sans le fausser lui-même. Sans doute, la convention qu'il implique peut être très-élastique; mais elle ne peut jamais aller jusqu'à subordonner le mandant au mandataire. Si un mandat allait jusque-là en matières civiles, la loi commune le réputerait nul de fait, sinon dolosif, et, suivant le cas, elle autoriserait des poursuites contre le mandataire, dont le moindre délit prendrait devant la législation ordinaire le nom de *captation*.

En matières politiques, il en est tout autrement. Là, le

cela des déficits annuels comme toujours, et nous marcherons à de nouveaux cataclysmes.

mandant est subordonné au mandataire, et c'est lui que la loi poursuit s'il n'observe pas les conditions humiliantes et dolosives au premier chef du mandat qu'il est censé avoir donné, mais dont en réalité on lui impose despotiquement les termes subversifs de l'équité, de la justice et du sens commun le plus élémentaire.

CHAPITRE IV.

Solution morale de la question du jour.

I. Si quand tu dis : je veux, tout le monde disait : je ne veux pas, que ferais-tu, Philippe ?

Cette question profondément sage d'un fou à son maître, le plus sombre despote des temps modernes, Philippe II d'Espagne, me paraît être l'énoncé le plus simple, le plus clair et le plus complet du problème politique qui ait jamais été formulé. En même temps qu'elle énonce parfaitement ce problème, cette question en indique non moins parfaitement la solution, qui consiste évidemment à permettre que tout le monde puisse dire : je ne veux pas, quand la témérité qui administre nos intérêts politiques dit insolemment : je veux.

La nécessité d'une pareille solution vient de se montrer d'une manière aussi inattendue que sinistre, à l'occasion de la guerre infâme de 1870 ; et il faudrait l'aveuglement, l'indifférence ou la stupidité d'un idiot pour ne pas en être frappé.

Depuis six mois (1) que cette pensée m'obsède nuit et

____

(1) J'écrivais avant la fin de la guerre.

jour, je ne puis me familiariser avec la conviction, trop légitime pourtant, qu'il a suffi à quelques hommes en Allemagne et en France de vouloir la guerre pour que des millions d'hommes, qui ne la voulaient pas, qui la détestaient au fond de l'âme, se vissent contraints de la faire et de sacrifier à ses barbares exigences tout ce qu'ils ont de plus cher au monde, sans que la douleur d'un si grand sacrifice pût en quoi que ce fût modifier leur obéissance !

Si pareil phénomène, pareille monstruosité morale n'était là, nous écrasant de sa réalité désespérante, on n'y croirait jamais ! Eh bien, ce phénomène, cette monstruosité s'explique par un seul mot :

Adultération du mandat politique ! (1).

En effet, avec des mandants, français et allemands, qui eussent *mandé*, comme c'était leur droit, et des mandataires qui eussent obéi, comme c'était leur devoir, la guerre de 1870 était impossible.

Etrange et redoutable logique de l'inconséquence et de l'immoralité en politique ! avec des mandants qui *mandent* réellement, s'ils *mandent* le mal, le mandataire, qui ne veut pas obéir, n'est pas forcé de le faire, car son mandat ne l'oblige à rien d'immoral et n'implique de sa part qu'une obéissance volontaire ; au contraire, avec des mandataires qui *mandent*, les mandants ne peuvent pas refuser l'obéissance, si odieux que leur paraisse le *man-*

(1) Quiconque prendra la peine de réfléchir comprendra que toutes les monstruosités dont la Commune de Paris s'est rendue coupable, procédaient avant tout de la même cause. Les membres de la Commune pouvaient d'autant plus facilement adultérer leur prétendu mandat que personne, eux moins que personne, n'avait pris soin de le définir. Aussi en avaient-ils fait un instrument d'absolutisme et de terreur. Et quel absolutisme ! et quelle terreur !

dement et si désireux qu'ils soient de n'en pas tenir compte......

Ainsi, le mandataire qui obéit peut refuser l'obéissance toutes les fois que sa conscience ou son intérêt le lui ordonne, tandis que le mandant qui s'est laissé ravir le droit de *mander* est forcé d'obéir contre son intérêt, contre sa conscience, contre toutes les prescriptions du sens commun !... Je ne crois pas que l'imagination puisse concevoir quelque chose de plus accablant pour la politique que cette vérité inouïe (1).

II. Il n'est donc plus permis d'en douter, le mandat politique doit rentrer dans les conditions morales de tout mandat. Il faut en subordonner les mandataires aux mandants. Il faut mieux que cela, il faut subordonner la politique à la justice. Il faut, autrement dit, subordonner à la justice mandants et mandataires ; car il peut arriver que des mandants politiques soient insensés, téméraires, injustes, comme leurs mandataires, et, en pareil cas, il ne servirait à rien de leur subordonner leurs mandataires.

(1) La politique, telle que la fait le mandat adultéré que nos gouvernements exercent est aussi impuissante pour le bien qu'elle est puissante pour le mal. La guerre de 1870 nous a encore montré cela d'une manière saisissante. Tandis que Napoléon III et Guillaume Ier se livraient impunément à leur exécrable ambition, les gouvernements d'Angleterre, d'Autriche et d'Italie (je ne parle pas de la Russie, elle était complice de la Prusse), qui n'avaient qu'un mot à dire pour les arrêter et préserver leurs pays des funestes contre-coups de la guerre, ont gardé une attitude lâche et méprisable. Ce mot qu'elle n'ont pas osé ou pas voulu dire pour empêcher la guerre, elles l'ont dit pour sauvegarder la neutralité de la Belgique, bien moins intéressante assurément pour l'Europe que la paix, qui d'ailleurs la sauvegardait. Quelle estime peuvent mériter de leurs peuples des gouvernements incapables de los préserver de la contagion des maux de la guerre ?

Si ardue que paraisse la tâche que cette nécessité nous impose, il faut la remplir. Il y va de notre bonheur, de notre dignité; il y va du bonheur, de la dignité de tous les hommes; il y va de la civilisation...

Si les Français et les Allemands, si tous les autres peuples civilisés de l'Europe et de l'Amérique ne sont pas amenés par l'abominable guerre de 1870 à maudir, mépriser, exécrer comme des bêtes féroces les fauteurs de cette guerre, il faut dire que la civilisation dont nous nous vantons n'est qu'une barbarie raffinée.

Pour accomplir la tâche, difficile, j'en conviens, mais possible, très possible, de subordonner la politique à la justice, deux moyens me paraissent nécessaires. Premièrement, il faut agir sur l'opinion publique; secondement, il faut changer convenablement le mécanisme de nos institutions.

III. Ne nous y trompons pas, le mal ne persiste dans l'humanité qu'à la faveur d'un déguisement qui lui permet d'usurper le nom du bien. Arrachons-lui son masque, et quand les hommes, même les plus indolents, même les plus corrompus, verront sa face découverte et repoussante, ils se rangeront du côté des amis du bien pour l'attaquer et le détruire.

Ouvrons donc hardiment les yeux; disons hautement et sans cesse qu'en politique comme dans la vie privée, tuer, voler, manquer à la foi jurée, attaquer la liberté et la propriété sous toutes les formes que ces deux conditions générales de la justice affectent au sein des sociétés; en un mot, faire à autrui ce que nous ne voudrions pas qui nous fût fait, c'est faire le mal, c'est être injuste, malfaiteur, criminel; disons-le partout, toujours; unissons-nous, associons-nous pour le dire avec plus d'ensemble et de puissance ; flétrissons comme une complicité du mal l'indifférence au bien et l'abstention de protester contre toute immoralité, de quelque part qu'elle vienne ; déchirons le voile hypocrite dont s'enveloppent les propagateurs *officiels* et *sacrés* d'une prétendue justice surnaturelle, qui n'est qu'un instrument d'exploitation et d'oppression parmi nous ; faisons tout cela, et nous ne tarderons pas à voir s'écrouler l'édifice artificieux du mal qui nous accable.

Voici, sauf révision et perfectionnement, une série de préceptes dont il serait bon de propager l'esprit par tous les moyens possibles.

« Quiconque tue, ordonne de tuer ou permet que l'on tue sans provocation certaine et directe de la part de la victime, est un *assassin*.

« Quiconque s'empare du bien d'autrui, ordonne ou permet que l'on s'en empare, sans motif régulier fondé sur les usages de l'industrie et du commerce et autorisé par la morale, est un *voleur*.

« Quiconque fait la guerre sans y être autorisé par une nécessité réelle, impérieuse, évidente et continue de légitime défense est *mille fois assassin, voleur, incendiaire et traître à l'humanité*.

« Quiconque administre les intérêts d'autrui autrement que les siens propres est un *mandataire infidèle et malhonnête*.

« Quiconque abuse de sa force, de sa position ou de l'ignorance de son semblable pour se faire attribuer des biens ou des pouvoirs qui ne lui sont pas légitimement dus est un *escroc*.

« Quiconque dénature un mandat à lui confié pour s'attribuer les droits du mandant ou les méconnaître, même avec l'assentiment du mandant, est un *usurpateur* et un *traître;* et s'il agit ainsi à l'insu du mandant, il devient *escroc.*

« Quiconque s'attribue sur son semblable et exerce pour sa propre satisfaction une supériorité qui altère le droit commun est un *imposteur* ou un *insensé*, et, dans tous les cas, un *usurpateur*, un *malfaiteur.*

« Quiconque s'attribue ou se fait attribuer par force, ruse, captation ou autrement des salaires sans proportion avec les services qu'il rend est un *voleur* et un *fauteur de la misère.*

« Quiconque vit de la prière est un *simoniaque* et un *fauteur de la misère.*

« Quiconque forme la raison des enfants et des hommes dans un intérêt étroit de domination ou d'exploitation pour lui-même ou pour autrui, est un *suborneur* et un *ennemi de la civilisation.*

« Quiconque prétend imposer sa volonté ou sa croyance autrement que par la persuasion est un *tyran.*

« Quiconque prétend obliger son semblable à l'obéissance en dehors des conditions régulières d'un contrat, et avec l'assistance régulière de la justice sociale, est un *tyran.* S'il emploie la force, il devient *assassin ;* et s'il arrache des contributions, même pour les appliquer à des services publics qui n'ont pas été régulièrement reconnus et ordonnés, il devient *voleur.*

« Enfin, quiconque enfreint une prescription du droit commun est responsable de son infraction devant un tribunal indépendant, et doit en subir les conséquences. »

De pareils préceptes autorisés, consacrés, vigoureusement appuyés par l'opinion publique, pèseraient déjà d'un poids considérable sur la politique pour en moraliser les actes. S'ils avaient pu se répandre depuis quelques années seulement, nul doute que la guerre de 1870 eût été impossible. Mais seuls, ils ne suffisent pas à l'objet que nous avons en vue. Ce n'est pas assez de vitupérer l'injustice politique, il faut encore, il faut surtout lui enlever les facilités, et, disons-le, les provocations qu'elle tient de nos institutions véritablement insensées.

Si des imprudents dormaient chez eux les portes ouvertes ou livraient sans garantie ni réserve leur fortune à des mandataires téméraires et irresponsables, ne dirait-on pas que les désastres auxquels ils s'exposeraient ainsi, et qui ne manqueraient pas de leur arriver, résultent de leur imprudence impardonnable? On le dirait certainement, et on aurait cent fois raison de le dire.

Mais nous ne faisons pas autre chose en politique, puisque nous abandonnons sans garantie ni réserve notre liberté et notre propriété à des mandataires accusés et convaincus d'en abuser toujours de temps immémorial. Nous faisons pire encore : nous admirons nos mandataires politiques, quand ils nous dépouillent et nous oppriment ; et si quelqu'un de nous s'avise d'élever la voix pour se plaindre ou dénoncer l'absurdité de notre conduite, nous n'avons pas assez de colère et d'indignation pour son audace !

IV. Nous nous ferions une étrange illusion si nous supposions que la liberté et la propriété que nous laissent nos institutions, nous sont garanties entièrement par ces mêmes institutions; la vérité, c'est que nous nous les garantissons nous-mêmes en majeure partie.

C'est en nous enfermant chez nous, en tenant sous clef nos objets précieux, en surveillant nos serviteurs, quand nous en avons, en nous méfiant des *pick pockets* dans les rues, en nous armant, au besoin, dans les lieux déserts ou mal famés etc., que nous nous préservons des dangers qui menacent le plus ordinairement nos personnes et nos biens. C'est encore nous, personnellement, qui, au moyen de contrats bien conçus, prenons des mesures salutaires contre la mauvaise foi possible de nos associés ou de nos fondés de pouvoirs.

Tout cela nous montre que, en politique comme en toute autre matière, nos mandataires ne font que ce que nous ne nons réservons pas de faire nous-mêmes. C'est d'ailleurs dans la nature invariable des choses qu'un mandant ne laisse faire à son mandataire que ce qu'il ne peut ou ne veut pas faire lui-même, et on ne comprend pas que la politique doive faire exception à cette loi naturelle.

Quelque chose fait illusion à cet égard, c'est la nécessité pour chacun de faire partie de la société politique, à moins de vivre dans un désert. Mais cette nécessité ne change pas les principes fondamentaux de la société qu'elle impose ; elle ne peut que les imposer également à tous et en rendre les violations plus odieuses. Elle pèse sur tous les associés à la fois, sur les mandataires comme sur les mandants, mais en aucune manière pour intervertir leurs rôles respectifs dictés par la nature des choses et la morale.

Ces considérations de sens commun et d'équité, de science morale aussi, car la véritable science morale ne peut pas raisonner autrement que l'équité et le sens commun, ces considérations étant admises, il est aisé de concevoir un système d'institutions politiques qui s'y conforme, c'est-à-dire qui fasse reposer la société sur le droit des associés. C'est un pareil système que je vais exposer brièvement.

CHAPITRE V.

Solution politique de la question du jour.

I. Le premier besoin de nous associer politiquement se fait sentir à nous là où nous résidons, où nous avons notre domicile, notre famille, où, généralement, nous avons notre industrie et notre fortune, dans la Commune enfin. Tout bien considéré, c'est là aussi qu'en temps ordinaire, c'est-à-dire en temps de paix, nos besoins d'association politique sont le plus pressants, le plus immédiats, le plus constants.

Ce que nous devons conclure de là, c'est que la Commune, qui est le premier degré de l'association politique, en est également le plus nécessaire et le plus important. Nous aurons quelque peine à nous faire à cette idée-là, qui est si contraire à nos habitudes de penser ; mais l'évidence est là et il faut bien s'y soumettre.

Je ne veux pas entrer dans les détails d'une administration communale, d'autant plus qu'une semblable administration doit nécessairement varier avec les circonstances de chaque commune, notamment avec la population. Tandis qu'une petite commune pourrait se contenter d'un seul administrateur, nommé et surveillé directement par tous ses commettants, il en est qui devraient en avoir plusieurs, avec des conseils de surveillance et des assemblées générales.

Mais il importe de rappeler qu'en tout état de choses, les administrateurs doivent toujours être considérés comme de simples employés, des employés respectables et respectés sans doute, mais réellement subordonnés, et en aucune manière disposés à jouer le rôle traditionnel et impertinent sinon ridicule de *pères, protecteurs* ou *supérieurs* de leurs mandants.

Quant aux ressources nécessaires à l'administration communale, ce sont, bien entendu, les associés qui les fourniraient; mais l'espèce d'impôt qui devrait y pourvoir ne devrait pas s'attaquer à la fortune des contribuables d'une manière détournée, clandestine et toujours inique, comme les impôts actuels de la douane, de l'octroi, de la régie et tant d'autres. Du reste, l'impôt, à quelque dépense qu'il corresponde dans la Commune et ailleurs, devrait toujours se percevoir directement à la Commune et par les soins de la Commune; c'est la seule manière de le percevoir équitablement, économiquement et sans fraude.

Voilà encore un point sur lequel je ne puis absolument pas m'étendre; mais la réduction des dépenses à ce qui est seulement nécessaire et juste rendrait la perception des ressources destinées à les couvrir beaucoup plus simple et beaucoup plus économique qu'elle n'est aujourd'hui. Aujourd'hui ce service politique est un véritable chaos et une source effroyable d'abus.

Toute association supposant un contrat tacite ou explicite et le contrat explicite étant préférable, surtout en politique, la Commune aurait un contrat qui prendrait le nom de constitution communale, dont la rédaction, confiée à des hommes intelligents, honnêtes et désintéressés, serait soumise à l'acceptation de l'universalité des associés, qui auraient d'ailleurs, naturellement, la faculté de la réviser au besoin et dans les formes prévues par la constitution elle-même.

II. La Commune ne répond évidemment pas à tous les besoins politiques de ses membres. Ceux-ci ont des intérêts qui en dépassent les limites et pour l'administration

desquels un deuxième degré de l'association politique
est indispensable ; mais ce sont eux encore qui doivent
former cette nouvelle association comme la première, et
ils doivent la constituer comme la première. Ce deuxième
degré peut s'appeler *Canton.*

Le Canton ne répondant pas non plus à tous les besoins
politiques de ses membres, un troisième degré, qui peut
s'appeler *Département,* paraît également indispensable,
et on doit y pourvoir comme aux deux premiers.

La nécessité de l'association nationale s'explique de
la même manière toujours, c'est-à-dire que la *Nation*
n'est à proprement parler que le quatrième degré de l'association politique, bien que nous soyons habitués à voir
en elle la forme essentielle et génératrice en quelque
sorte de toute association politique.

Je crois que cette division de l'association politique en
quatre degrés convient à nos sociétés actuelles ; cependant si l'expérience conseillait d'y ajouter des degrés inter-
médiaires ou au contraire d'en supprimer, il serait toujours facile de lui obéir, puisque, dans l'organisation politique que je propose, il est aussi facile de réformer que
de fonder.

Après la Nation, les hommes éprouvent évidemment le
besoin d'un nouveau degré d'association politique pour
l'administration de leurs intérêts internationaux, dont
l'importance ne peut échapper à personne ; mais on ne
peut guère songer à ce cinquième degré, tant que plusieurs nations europénnes au moins n'auront pas adopté
les institutions qui le supposent, et je ne l'indique ici
que pour mémoire.

III. Toutes ces associations, superposées pour ainsi
dire, n'ont en vue que des intérêts purement administra-

tifs, et on pourrait les appeler *associations administrati-ves*, pour les distinguer de deux autres associations politiques dont je vais m'occuper immédiatement.

Je me suis contenté, bien entendu, d'en indiquer la forme et le principe, c'est tout ce que je puis faire dans un travail aussi rapide. J'insisterai cependant pour montrer qu'elles se complètent sans faire double emploi, et que ce sont toujours les individus, leurs besoins et leurs intérêts qui leur donnent naissance.

Les conflits administratifs, si fréquents aujourd'hui, ne sont guère possibles avec une organisation de ce genre ; s'ils se produisaient, c'est que l'organisation laisserait à désirer, et il n'en pourrait résulter chez tout le monde que la volonté d'en empêcher le retour en faisant disparaître le vice constitutionnel qui les engendre. En effet, avec cette organisation, le même individu étant à la fois membre et fondateur de tous les degrés de l'association administrative, il ne peut pas vouloir comme associé national ce qu'il ne voudrait pas comme associé communal, cantonal ou départemental et réciproquement : il se mettrait en contradiction avec lui-même.

On parle souvent d'*unité*. C'est uniformité qu'il faut dire. Cela regarde la loi, les monnaies, les poids et mesures en général, et certains services publics qui intéressent tout le monde. Mais cela répond à un besoin que tout le monde comprend et qui n'implique aucune subordination des différents degrés de l'association politique à un seul, la Nation, subordination qui en implique une autre, que nous ne devons permettre à aucun prix, celle des mandants politiques à leurs mandataires.

L'uniformité n'est pas nécessaire en politique seulement. Elle est connue dans l'industrie, sous le nom d'étalonnage, où elle fait de véritables merveilles de simplicité et d'économie ; mais jamais on ne s'est avisé en industrie de supposer qu'elle impliquât subordination des industriels à une autorité quelconque, si ce n'est l'autorité de la raison et de l'intérêt bien entendu.

L'autorité politique, comme on l'entend, divise au lieu d'unir ou d'uniformiser. Exemple : les partis, les religions.—La religion est une institution éminemment politique. — La liberté au contraire unit. Exemple : les sciences.

Quoi qu'il en soit, il est entendu, et ceci est fondamental, que l'associé politique, l'individu, ne donne à faire à la Commune que ce que lui-même ne peut on ne veut pas faire ; et comme d'ailleurs il ne donne respectivement à faire au Canton, au Département et à la Nation que ce que la Commune, le Canton et le Département ne peuvent ou ne veulent pas faire, autrement dit, ce que lui-même ne peut ou ne veut pas faire dans chacune de ces différentes associations, il en résulte qu'il lui reste, comme son domaine individuel, son autonomie, une somme de liberté et de propriété qui ne peut être revendiquée par aucune société politique.

Ces réserves à l'égard de l'individu et de chaque degré de l'association politique intérieure, réserves qui sont fondamentales, je le répète, n'étonneraient personne s'il s'agissait d'une association internationale. On comprend qu'une pareille association, qui d'ailleurs se réalise déjà, mais très-imparfaitement, au moyen des traités de paix et de commerce, laisserait une grande part d'autonomie aux nations et aux associés nationaux qui en feraient partie. Mais, où est la différence essentielle entre ce cinquième degré de l'association politique administrative et les autres ? Si elle existe, ce sont nos préjugés et l'arbitraire appuyé par eux qui lui donnent l'existence.

Par cet exemple nous voyons clairement que l'associa·
tion politique administrative répond à une nécessité d'autant moins immédiate, pressante, impérieuse qu'elle s'é-
loigne davantage de son premier degré, la Commune.
Allez-donc faire entendre à l'habitant d'une petite commune des Pyrénées ou de la Bretagne, qu'il est plus inté-
ressé au détroit du Sund ou au canal du Languedoc qu'à
ses chemins vicinaux ! Vous pourrez bien tirer un écu de
sa poche pour racheter le premier ou réparer le second,
parce qu'il ne sait pas vous résister, mais vous ne le con-
vaincrez pas, et il aura raison. Dans une organisation
politique bien entendue, ce modeste citoyen contribuerait
à tout comme aujourd'hui et mieux, mais sa commune
ne serait pas sacrifiée à la capitale, ou à la préfecture ou
à l'évêché, et tout n'en irait que mieux (1).

IV. On comprend que l'objet de l'association politique
n'est pas complétement atteint au moyen de ces associations purement administratives qui n'embrassent ni l'organisation militaire, ni l'organisation judiciaire dont la
nécessité est si évidente ; il faut donc pourvoir à ces deux
organisations au moyen d'associations spéciales qui em-

---

(1) Avec une organisation politique de ce genre, c'est pour sa
commune que le contribuable dépenserait le plus, et cela est tout
naturel, puisque c'est là qu'il a ses intérêts les plus nombreux, les
plus immédiats, les plus pressants. La Nation, loin de lui coûter,
produirait au contraire, au moyen des grands travaux publics dont
elle aurait l'administration, non pour les exploiter, mais pour
en exercer le droit de propriété, qui est essentiellement national.

Ce qu'une bonne administration des grandes voies de communi-
cation pourrait donner de bien-être et de prospérité, en percevant
un bénéfice modéré et en réduisant les prix de transport après
l'amortissement du capital de construction est incalculable ! (Voir
mon *Problème démocratique* déjà cité.)

brasseront chacune respectivement toutes les associations administratives.

Ces deux dernières associations ont toujours été confondues jusqu'à présent avec l'association nationale, qui d'ailleurs absorbait également toutes les associations administratives et qui absorbait encore une grande partie des associations privées et de l'autonomie individuelle. Pareille confusion doit cesser à l'avenir. Elle est absurde, dangereuse et même ridicule. Elle est contraire à une saine division du travail politique. Elle fait de l'armée et de la justice des instruments d'oppression. Enfin elle suppose réunies dans une même administration, sinon dans une même personne, toutes les aptitudes si diverses et si incompatibles de la guerre, de la marine, de la diplomatie, de la législation, des travaux publics, du crédit, de l'industrie, du commerce, etc., etc.

Quelle mission pour des chefs d'État que la direction de toutes ces fonctions confondues ! Aussi, les plus sages d'entre eux s'abstiennent-ils prudemment ; et, s'ils ont assez d'intelligence pour commander la même abstention à leurs ministres, les affaires n'en vont que moins mal. Mais malheur aux peuples dont les chefs sont besoigneux ! Les souverains, surtout ceux qui tiennent encore leur fonction du *bon Dieu*, sont d'autant meilleurs pour leurs sujets, qu'ils s'en occupent moins ; et, s'ils n'avaient des successeurs, ils ne seraient jamais si bons qu'après leur mort. Bonnes gens, qui croient faire marcher l'humanité en causant avec leurs ministres quelques heures par semaine et en dévorant chaque année de quoi nourrir vingt ou trente mille familles de travailleurs ! Et que penser des peuples qui s'inclinent devant pareilles idoles !

Quoi qu'il en soit, je fais de l'armée et de la fonction

judiciaire deux associations politiques spéciales et distinctes. C'est encore le sens commun et l'expérience qui commandent cette division du travail politique. Du reste, cette division a déjà lieu en partie dans l'organisation actuelle des choses politiques, au moyen des *ministères,* et c'est pour la compléter, pour la rendre sérieuse et efficace, que je lui donne la forme d'associations distinctes, que les divisions analogues ont dans l'industrie, le commerce, les arts et les sciences où elles sont si fécondes (1).

V. Je voudrais que les hommes n'eussent pas à s'occuper de la guerre, ce crime de l'histoire que nos souverains pratiquent encore aujourd'hui et dont ils se réservent le *droit* comme la plus précieuse de leurs prérogatives; malheureusement nous n'en sommes pas encore là. Le cinquième degré de l'association administrative en délivrera sans doute nos descendants; mais, en attendant, il faut se tenir en garde contre les dangers qu'elle fait courir à l'indépendance des peuples et au bonheur des individus. Si, jusqu'à ces dernières années, nous avons pu nourrir des illusions à son égard; si nous avons pu croire que le temps des guerres de conquête et de dévastation était passé pour nos sociétés les plus avancées de l'Europe, 1870 est venu nous rappeler cruellement à la réalité.

Toutefois, le danger de la guerre n'étant pas continuel, il ne faut s'en occuper que dans la mesure qui convient

____

(1) A première vue, il semble étrange qu'un citoyen fasse partie de plusieurs sociétés politiques. Cependant, beaucoup d'entre nous trouvent tout simple de faire partie de plusieurs sociétés privées, et si on nous proposait de fusionner ensemble toutes les sociétés privées dont nous faisons partie, de telle sorte qu'une seule restât chargée du travail de toutes les autres, nous trouverions cela non-seulement étrange, mais insensé et absurde.

en même temps à la sécurité et aux besoins du travail économique. Du reste, dans une société déterminée à subordonner la politique à la justice, il ne viendrait que du dehors, de la politique personnelle des souverains, qui se font un jeu de la justice et du bonheur des peuples.

On pourvoit à la triste nécessité de la guerre au moyen d'une armée ; et, comme la guerre menace tout le monde, du moins comme tout le monde est solidaire du danger qu'elle fait courir, tout le monde doit faire partie de l'armée.

Je ne veux pas dire que tout le monde doive porter les armes et se battre à l'occasion, ce serait absurde ; mais tout le monde doit contribuer, d'une manière quelconque, appropriée aux forces et aux aptitudes de chacun, au service militaire ; en un mot, tout le monde doit s'associer militairement pour répondre au besoin éventuel de la guerre à l'intérieur comme à l'extérieur.

Je dis à l'intérieur comme à l'extérieur. Nous ne devons pas oublier, en effet, que la guerre civile est possible avec des partis sans scrupules, qui ne craignent pas de demander à la force ce qu'ils n'obtiendraient pas de la persuasion. Sans doute la guerre civile est d'autant moins à craindre que les institutions sont plus simples, plus justes et plus appropriées au but essentiel et permanent de l'association politique ; cependant il faut toujours la prévoir pour l'empêcher ou l'arrêter, surtout pendant le temps nécessaire à la formation de nouvelles habitudes sociales. Or, la meilleure manière de l'empêcher ou de l'arrêter, c'est d'armer tout le monde.

Ce n'est pas à dire que tout le monde doit être accablé de corvées militaires fatigantes et incompatibles avec le travail ; mais il faut qu'au besoin, quand une minorité ambitieuse et turbulente menace la paix intérieure, tout le monde soit prêt et fasse énergiquement son devoir. La faiblesse des amis de l'ordre fait la force des perturbateurs; leur frayeur fait la violence des répressions, et leur indifférence fait le despotisme des administrations politiques.

L'ordre social qui réclame comme mesure de précaution le désarmement systématique d'une partie de la société est précaire et dangereux ; c'est l'ordre de la conquête et de l'exploitation des populations conquises; c'est l'ordre du despotisme.

Les hommes s'associent militairement comme ils s'associent de toute autre manière, c'est-à-dire qu'ils se donnent une constitution militaire, organisent une administration, des cadres, des divisions, etc., en harmonie avec l'objet qu'ils ont en vue, votent des fonds et prennent toutes les mesures d'usage pour se garantir contre les abus qui peuvent les atteindre dans leur liberté et leur propriété.

Ils doivent toujours être exercés et disponibles, sans abandonner les travaux ordinaires de leur économie générale, de telle sorte que leur force armée soit aussi grande que possible au moment du danger, sans coûter excessivement en temps de paix ni priver la production de ses ressources ordinaires en bras et en intelligence pendant le même temps, comme font les armées permanentes d'aujourd'hui.

VI. L'association judiciaire embrasse, comme l'armée, l'universalité des citoyens. Comme l'armée également et toutes les associations administratives, elle suppose une constitution, une administration élective et responsable, et le droit pour tous ses membres de concourir aux élections. Enfin, comme ces différentes associations encore,

son objet spécial n'est qu'un complément de l'action privée, alors que cette action devient insuffisante ou im-
propre. Cette dernière similitude demande une explica-
tion.

On sait que des citoyens qui ont à débattre entre eux
une question litigieuse concernant leurs affaires privées
peuvent nommer un ou plusieurs arbitres qui les jugent
et les mettent d'accord. En pareil cas, la fonction judiciaire a un caractère privé, et cependant elle satisfait à
toutes les exigences de la justice. Je dirai plus, en pareil
cas, elle est bien supérieure moralement à tout ce qu'elle
peut être dans sa forme politique.

Mais l'arbitrage n'est pas toujours possible. Ou les deux
parties en conflit ne veulent pas y recourir, ou elles ne
peuvent pas en payer les frais, car il n'est pas nécessairement gratuit. D'ailleurs, il suffit pour le rendre impossible qu'une seule des parties en conflit se refuse à l'em-
ployer, ce qui arrive toujours dans le cas où la matière
du conflit est une contravention, un délit ou surtout un
crime. Il faut donc une administration judiciaire politique
pour suppléer à l'insuffisance de la justice privée ou ar-
bitrale.

Ce déboublement pour ainsi dire de la fonction judiciaire, ne fait pas, bien entendu, que la justice soit
double; mais il fait qu'on ne puisse pas se passer d'une
législation écrite, puisque les juges politiques ne font
communément qu'interpréter et appliquer des lois écrites.
Du reste, une pareille législation est nécessaire, même aux
juges privés, attendu que les parties qui réclament leur
intervention n'ont pas toujours entre elles des conventions
qui fassent loi ou qui soient équitables, et que, en pareil
cas, il faut leur appliquer le droit commun. Or, le droit
commun, pour avoir toute l'autorité que réclament

ses applications, doit être rédigé et connu d'avance, afin qu'on ne puisse pas arguer d'ignorance contre ses dispositions.

Le droit commun rédigé ou codifié n'est autre chose que la législation nécessaire à la société judiciaire; cependant il n'en est pas la constitution proprement dite, puisqu'il doit régir également toutes les autres sociétés politiques, toutes les sociétés privées et tous les individus, puisqu'il doit même régir toutes les nations. Le droit commun, en effet, doit être vrai toujours, partout et pour tout le monde. Il ne serait ni droit, ni commun sans cela. C'est dire qu'il ne doit rien stipuler de particulier, de local, de provisoire, d'exceptionnel; c'est dire qu'il doit être universel; c'est dire enfin qu'il doit résumer tonte la science morale applicable aux sociétés humaines.

Ainsi comprise, cette législation ressemble peu aux législations actuelles. Celles-ci réglementent la liberté et la propriété au point de les subordonner à je ne sais quelles convenances des législateurs et des tribunaux, et de n'en plus laisser assez pour l'usage de chacun, au point de ressembler à une police qui, pour assurer la libre circulation d'un lieu public, le couvrirait d'agents en si grand nombre que le public lui-même n'y trouverait presque plus de place.

Celle-là, au contraire, doit garantir sérieusement et à tout le monde sans exception la liberté et la propriété, au moyen d'une responsabilité réelle et efficace s'appliquant également à tout le monde sans exception, s'appliquant même aux juges, même aux législateurs. A cela doit se borner toute son attention, puisque la liberté et la propriété embrassent l'universalité des choses que l'homme appelle des biens, c'est-à-dire tout ce qu'il doit respecter chez les autres et vouloir que les autres res-

pectent chez lui. Il est bien entendu qu'elle ne comporte
pas les distinctions arbitraires de droit civil, droit com-
mercial, droit administratif, etc., du moins dans le sens
des législations actuelles, qui en font comme autant de
poids et de mesures différents appliqués aux justiciables.

Si les procès ne comportent pas tous des procédures
identiques, on procédera à leur égard comme la nature
des choses commandera ; mais en aucun cas la procédure
ne pourra porter préjudice à la vérité judiciaire, à l'équité,
au droit universel, à la liberté et la propriété. Souvent,
aujourd'hui, nous voyons cet étrange phénomène judiciaire d'une procédure qui interdit la seule forme de témoignage qui puisse établir la vérité, de telle sorte que
le juge se voit contraint de condamner celle des parties
qui a évidemment le bon droit de son côté.

VII. Avec une législation de droit commun, un pouvoir
législatif permanent n'a aucune raison d'être. Du reste,
rien n'est contraire au sens commun et à la justice bien
entendue comme un pouvoir de ce genre. Quelques centaines d'hommes de toutes conditions et sans aptitudes
déterminées, réunis pour délibérer sur des matières qu'ils
ignorent généralement et qui ne les regardent pas le
plus souvent, ne peuvent faire que de l'arbitraire, de la
compression, de la tyrannie, en un mot, de l'injustice politique, et, en réalité, ils n'ont jamais fait autre chose,
excepté pourtant quand ils démolissaient judicieusement
l'édifice incohérent de leurs prédécesseurs. De la justice,
comment en feraient-ils ? On trouverait insensé de leur
faire faire de la science, et on trouve tout simple de leur
faire faire de la justice, qui est la science sociale par
excellence !

On se plaint de l'instabilité des choses politiques ; mais

peut-il en être autrement avec une institution comme le pouvoir législatif, dont l'unique occupation est de faire et défaire continuellement? Qui voudrait habiter une maison où les ouvriers auraient toujours à faire, fût ce même pour l'embellir? Nos sociétés actuelles ne ressemblent-elles pas à une pareille maison, dont nos législateurs sont comme des maçons, des couvreurs, des menuisiers, des serruriers et des peintres occupés sans cesse du soin de la réparer?

En France, nos dernières révolutions ont été provoquées, dans l'opinion publique tout au moins, par les excès du pouvoir législatif. La Charte de 1814, celle de 1830 et la Constitution de 1848, ont été dénaturées par des lois de circonstance qui en faussaient l'esprit et en détruisaient les quelques principes libéraux.

De quoi une majorité législative audacieuse et subtile n'est-elle pas capable? Il lui plaîrait de décréter que cinq ou six cent mille citoyens doivent se couper les oreilles, que rien, absolument rien, ne pourrait légalement l'en empêcher... Et si nous n'avons pas d'exemples de caprices aussi extravagants, nous en avons d'aussi arbitraires et peut-être de plus cruels. Etonnons-nous donc après cela que le peuple, témoin de pareilles turpitudes, ait à son tour des velléités téméraires en matière de législation (1).

(1) La fonction du législateur a un côté odieux qui échappe aux penseurs les plus honnêtes. Nous avons en matière de droit commun une maxime d'équité que tout le monde approuve : nul ne peut être juge dans sa propre cause, dit cette maxime. Un législateur fait souvent pis qu'un juge qui s'applique la loi à lui-même. Si audacieux qu'il soit, ce juge a une loi qu'il n'a pas faite lui-même et qu'il doit respecter dans une certaine mesure. Le législateur, lui, le législateur politique surtout, peut faire et fait souvent, hélas! la loi dans sa propre cause.....

CHAPITRE VI.

Conclusions.

I. L'organisation politique que je viens d'esquisser est simple, correcte et peu coûteuse; elle ne gêne en aucune façon l'expansion des forces sociales et répond à tous les besoins du peuple sans l'humilier; en un mot, elle répond aussi parfaitement que possible au besoin qui prime et domine tous les besoins politiques, le besoin de justice.

Elle fait plus encore. Basée sur une perception claire et distincte de l'objet que l'association politique doit atteindre, elle le fait voir clairement à chaque associé. En même temps elle fait voir à chaque associé la part qu'il doit prendre à la poursuite de cet objet. En même temps enfin, elle enlève à l'esprit d'usurpation et de despotisme toute chance de succès, car rien n'est favorable à cet esprit comme l'obscurité et le mysticisme des idées gouvernementales.

En politique comme en religion, c'est l'obscurité et le mysticisme des idées qui font toute la fortune des ambitieux et des charlatans.

A ceux qui accuseraient cette organisation de *fédéralisme*, je répondrai qu'elle est aussi contraire à la fédération qu'à l'*unité*, ces deux mots unité et fédération étant pris dans le sens qu'on leur donne généralement partout.

Dans ce sens, on entend par unité l'exercice, au moyen d'un pouvoir central omnipotent, qui en tient tous les fils, de ce qu'on est convenu arbitrairement d'appeler la *souveraineté nationale*. Par fédération, on entend, dans le même sens, l'exercice divisé de cette même souveraineté, au moyen de pouvoirs locaux, plus ou moins nombreux, détachés du pouvoir central, et qui ne laissent à ce pouvoir que les facultés gouvernementales réputées indivisibles.

Cette organisation répudie toute présomption de *souveraineté*; elle laisse au peuple tous les droits, toutes les libertés, toutes les facultés dont on l'a dépouillé en vertu de cette présomption insensée et calamiteuse.

Le mot *souveraincté* ne signifie rien réellement s'il ne signifie pas *despotisme*; et, quand je vois les peuples d'aujourd'hui revendiquer pour eux-mêmes et comme un droit la fiction qu'il rappelle, il me semble voir des esclaves revendiquer le droit de s'administrer le fouet de leurs propres mains.

Dans cette organisation, le peuple, qui comprend l'universalité des citoyens, est tout, et ses différentes administrations politiques ne sont que des moyens aussi prompts, aussi efficaces, aussi économiques que possible pour atteindre l'objet réel de son association.

Mais ne nous y trompons pas, le peuple n'est tout qu'à la condition que chacun de ses membres conservera son autonomie individuelle complète, à la condition, autrement dit, que la liberté et la propriété de chacun de ses membres seront sérieusement garanties, au moyen d'une responsabilité réelle, efficace de la part de tous ceux qui pourraient l'atteindre dans ces deux conditions fondamentales de son autonomie, notamment de la part de ses mandataires politiques, si enclins à l'opprimer.

J'entends crier : à l'*individualisme!*

Trop longtemps nous nous sommes passionnés pour des mots. Descendons enfin au fond des choses, sans nous inquiéter de la tradition révolutionnaire, qui est souvent plus superstitieuse et plus aveugle que la tradition conservatrice. Ne remplaçons pas dans nos programmes de réformes le mot de souveraineté par celui de *col-*

lectivité, qui est au fond identiquement la même chose, et qui signifie également despotisme.

Le droit individuel, dans toute sa plénitude, ne porte aucun préjudice aux phénomènes généraux de *coopéra-ion, solidarité* ou *communauté*, dont on voudrait faire des *personnes morales* avec des prérogatives contraires à ce droit. Dans ce qu'ils ont de naturel, de légitime et de bienfaisant, de pareils phénomènes résultent exclusive-ment de l'initiative de chacun, et restreindre la liberté de cette initiative pour les favoriser, c'est les frapper dans leur source même, c'est, comme dit la fable, tuer la poule aux œufs d'or.

Gardons-nous, je ne saurais trop insister sur cette vé-rité, gardons-nous, en politique, des procédés mystiques ou religieux qui placent nos motifs d'agir dans une sphère inaccessible au sens commun.

II. Pour terminer, je veux montrer que tous tant que nous sommes, républicains et monarchistes, réformateurs et conservateurs, nous avons un immense intérêt à ne pas ajourner indéfiniment l'avénement de la justice dans nos institutions politiques. Rappelons-nous ce discours où Mirabeau, faisant appel aux sentiments les plus égoïstes d'une majorité hésitante, s'écriait : « La banqueroute, la hideuse banqueroute est là, menaçant de tout engloutir, vous, vos biens, votre honneur, et vous délibérez !... »

Moi aussi, — que n'ai-je l'éloquence de Mirabeau ! — je dis à mes contemporains, avec l'accent d'une profonde con-viction : « L'anarchie, la hideuse anarchie est là... et mal-heur à nous, si, toujours délibérant, nous ne savons pas nous ménager un abri dans la justice, seul principe assez large en politique pour abriter tous les hommes et tous les partis. »

Ce n'est pas, entendons-nous bien, que j'admire ces *hommes d'action* qui placent l'énergie au-dessus de toutes les vertus sociales et qui veulent agir sans délibérer, dussent-ils aller contre leur but et marcher sur le corps de leurs semblables; loin de là; mais est-il besoin de délibérer perpétuellement quand la justice commande?

Je ne demande à mes contemporains, amis ou adversaires, qu'une chose: la justice. *Fais ce que dois, advienne que pourra,* voilà ma devise; elle n'est pas nouvelle, mais elle est pure. Ferait-elle peur? Non, sans doute. Ferait-elle sourire?...

Ah! messieurs les satisfaits, prenez-y garde! vous jouez un jeu bien triste et encore plus périlleux! Tous ces malheureux dont vous faites à leur insu vos partenaires, vos complices, ces masses dociles qui vous obéissent aveuglément sans savoir où vous les conduisez, pourraient bien en un jour de colère *engloutir* avec vous cartes, enjeux, tripots, et tout cet appareil de luxe et de vanité auquel vous les sacrifiez impudemment... Le suffrage universel, qui a déjà tant appris, n'oubliera sans doute ni le plébliscite du 8 mai, ni la déclaration de guerre du 15 juillet suivant, ni le mystère d'infamie qui relie ces deux actes de la politique napoléonienne que vous avez appuyée et glorifiée servilement pendant vingt ans...

III. On prétend que les masses se soucient peu d'une réforme qui subordonnerait la politique à la justice. Quand cela serait?... Depuis quand se montre-t-on si respectueux pour leurs préjugés? Mais leur a-t-on jamais proposé une pareille réforme? Ne les a-t-on pas, au contraire, constamment excitées contre toute velléité libérale qui menaçait la quiétude égoïste de leurs directeurs politiques?

Dans les campagnes, où l'ignorance est si grande encore malheureusement, les masses n'ont jamais été hostiles aux réformes équitables contre lesquelles on ne les avait pas artificieusement prévenues, au moyen des éternelles menaces de l'anarchie et du partage des terres. Dans les villes, elles ont pu se montrer beaucoup trop passionnées ; mais qu'a-t-on fait pour les calmer et leur inspirer de la patience ?

Mettons-nous à la place d'un ouvrier, même d'un ouvrier relativement heureux ; songeons au labeur pénible et journalier qui s'impose à lui indéfiniment et sans espoir de repos, à l'insuffisance de son salaire pour vivre, élever sa famille et s'assurer une retraite modeste pendant les vieux jours... ; songeons aux privations cruelles qui l'attendent quand vient la maladie ou le chômage, le chômage qui le menace régulièrement, périodiquement, toujours... ; songeons à sa douleur quand, fléchissant sous le poids combiné des ardeurs irréfléchies de la jeunesse et des séductions qui les circonviennent, ses enfants tombent dans le vice de la prostitution qui déshonore ses cheveux blancs... ; songeons à tout cela, et nous comprendrons mieux ses égarements momentanés.

A toutes les vertus que vous exigez de vos domestiques, disait un spirituel écrivain du siècle dernier aux grands seigneurs de son temps, combien d'entre vous seraient dignes d'être valets ?

Ne pourrions-nous pas demander, à notre tour, aux heureux d'aujourd'hui, combien d'entre eux seraient assez vertueux pour supporter sans révolte, sans crime peut-être, les privations et les souffrances de l'ouvrier ? Pour moi, qui ne suis pas un heureux dans le sens que l'on donne à ce mot, je confesse humblement que, pour être sûr de mériter toujours l'estime de moi-même et des autres, j'aime mieux n'avoir pas à les supporter ; et, sans faire la confession d'autrui, je soupçonne plus d'un heureux d'être plus faible que moi.

On dit que la misère dont on a l'habitude engourdit les sens et qu'on n'en souffre peu ; je le crois, et certainement c'est là un fait heureux ; mais se prévaloir d'un pareil fait pour refuser aux pauvres, avec la justice qui leur est due, les moyens naturels d'échapper à la pauvreté, c'est lâche et méprisable au suprême degré.

Cependant ces prolétaires des campagnes et des villes, que l'on accuse, sans réflexion ni générosité, d'insouciance ou de malveillance à l'égard de la justice, aspirent, comme tous ceux qui souffrent, à un état meilleur ; si donc on leur démontrait, en termes à la fois convaincus et sympathiques, que leur mal a sa source dans une injustice séculaire de la politique, qui pèse sur la société tout entière, notamment sur son économie, et qu'ils ne peuvent en guérir qu'au moyen de la justice ; que les malades politiques comme les autres, ont besoin de patience, et que toute révolte inconsidérée de leur part contre le traitement approprié à leur état ne peut qu'irriter leur mal et l'augmenter ; que d'ailleurs l'excès présent de leurs souffrances peut trouver des palliatifs dans une charité active et intelligente ; si on leur demontrait tout cela, dis-je, on les disposerait certainement à concourir eux-mêmes à l'œuvre commune de la régénération sociale.

IV. J'entends dire, et cela, au nom des prolétaires eux-mêmes, que la justice ne suffit pas à résoudre le problème économique de la misère. On va plus loin, on dit que la liberté et la propriété, conditions essentielles de la justice, deviennent, dans un milieu formé par l'inégalité, des causes actives et inévitables de misère.

S'il en était ainsi, il n'y aurait plus pour chacun de nous qu'à se faire, n'importe comment, la meilleure part possible au *banquet de la vie*. Ainsi font les larrons et les charlatans, les habiles de la politique officielle, les transfuges de la démocratie et tous ceux qui font passer leurs appétits personnels avant le devoir prescrit par la conscience. Malheur aux vaincus ! telle est la devise de ces praticiens de la vie *longue* et *bonne*. Serait-ce également celle des conseillers intimes de l'ouvrier ?

La justice n'est pas une force proprement dite, cela est évident ; mais c'est la condition sociale dans laquelle toutes les forces capables de bien peuvent agir avec le plus d'efficacité, en même temps que toutes les forces capables de mal sont le plus efficacement contenues, sinon supprimées.

Il faut donc la justice pour permettre aux forces capables de résoudre le problème de la misère d'agir librement et avec efficacité. Sans elle, ces forces resteront paralysées, comme elles l'ont été jusqu'à présent. Par conséquent, la première chose à faire, dans l'intérêt des pauvres, c'est de l'établir au sein de nos sociétés, en commençant par la politique où son absence empêche toute réforme ultérieure qui la concerne.

Quant à ces forces spéciales, capables, sous les auspices de la justice, de résoudre le problème de la misère, elles seront de ma part l'objet d'une étude particulière destinée, sous le nom de *Problème économique*, à suivre mon *Problème démocratique*.

Paris. — Typ. A. PARENT, rue Monsieur-le-Prince, 31.